Editorial Ledoria

Desaforado amor por la palabra

CUATRO CALLES
Revista toledana de cultura para nuevos tiempos

N° 35. CUARTO TRIMESTRE DE 2025

DIRECTOR Jesús Muñoz Romero
COLABORADORES
Alejandro Vega Merino
Francisco Javier Fernández Gamero
Gabriel Mora del Pozo
Mariano Martín Rodríguez
Miguel Larriba
Paco Maeso
Rosa Ballesteros
Santiago Sastre

Ilustración de portada: *Zocodover*, de José Luis Arellano.
Ilustración de contraportada: *Tres*, de Seruivo Cu-ticle Caticura
Diseño y maquetación:
Equipo de editorial Ledoria

I.S.B.N.: 978-84-19887-85-6
Depósito Legal: TO-430-2025

© De la edición: Editorial LEDORIA
* C/ Fuente del Moro, n. 6, Toledo
* C/ Conde de Casal, núm. 47
Las Ventas con Peña Aguilera (Toledo)
Teléfono: 636 56 03 70
Correo electrónico de contacto:
info@editorial-ledoria.com

Publicidad:
admin@editorial-ledoria.com
www.editorial-ledoria.com

SUMARIO   Diciembre 2025

«¡Oh peñascosa pesadumbre, gloria de España y luz de sus ciudades, en cuyo seno han estado guardadas por infinitos siglos las reliquias de los valientes godos para volver a resucitar su muerta gloria y a ser claro espejo y depósito de católicas ceremonias! ¡Salve, pues, oh ciudad santa, y da lugar que en ti le tengan estos que venimos a verte!».

Miguel de Cervantes
Los trabajos de Persiles y Segismunda (1617)

San Tirso: El falso patrón de Toledo por el que Lope de Vega tomó partido

MIGUEL LARRIBA

A finales del siglo XVI, en una España dividida entre la devoción religiosa, la pugna política y el esplendor del teatro, ocurrió uno de los episodios más curiosos de la vida de Lope de Vega: la composición de una tragedia hoy perdida, titulada *San Tirso de Toledo*. Más allá del interés literario, esta obra se sitúa en el corazón de una disputa en la que se mezclaron la fe, el orgullo local y la manipulación histórica. Un cóctel fascinante en el que Toledo, Lope y la imaginación de un jesuita se entrelazaron para crear un bulo que a punto estuvo de convertirse en verdad.

Aunque nacido en Madrid, Lope de Vega, el gran dramaturgo del Siglo de Oro, es considerado, y se considera él mismo, un «poeta toledano» en la ciudad que lo acoge durante largas temporadas en las décadas de los 80 y 90 del siglo XVI, y de manera más es-table entre 1604 y 1610. Aquí se va a mover entre poetas, clérigos y mecenas que a toda costa intentan reforzar la imagen y la posición de Toledo, resaltando con orgullo su pasado más glorioso como corte de los visigodos, de la fe de los mozárabes o su condición de sede primada de la Iglesia, méritos y privilegios que exhiben con orgullo frente a otras ciudades como Madrid, Valladolid o Santiago que se los disputan.

En este contexto sobresale de manera muy destacada la figura de Jerónimo Román de la Higuera, un jesuita nacido en Toledo, de gran formación intelectual, que llegará a ser considerado como uno de los más grandes eruditos de la época por sus extraordinarias y sorprendentes investigaciones sobre la historia de España, con particular referencia al ámbito eclesiástico..., hasta que se demostró que casi todo había sido producto de su imagi-

Cuatro calles

Para que el padre Román pasara de sabio historiador a ser tenido por uno de los más grandes mentirosos de la historia de España, hubieron de transcurrir casi dos siglos.

nación. Pero para que esto sucediera y el padre Román pasara de sabio historiador a ser tenido por uno de los más grandes mentirosos de la historia de España, hubieron de transcurrir casi dos siglos.

Por tanto, en la época que nos ocupa, su prestigio estaba en todo lo alto, particularmente por el descubrimiento que había hecho de los hoy conocidos como «falsos cronicones», acopio de noticias sobre historia religiosa de los antiguos reinos de la península ibérica, atribuidos a diversos autores de la antigüedad, que el padre Román dio a conocer en 1594.

Fundamentalmente fueron tres estas crónicas o fragmentos de supuestos documentos. El primero de ellos llevó por título *Chronicon Omnimodae Historiae* (algo así como Crónica de la Historia Universal), atribuido a cierto autor latino del siglo V, natural de Barcelona, llamado Flavio Lucio Dextro; el segundo, la *Chronica Caesaraugustana*, de Máximo de Zaragoza, un obispo del siglo VII, y, por último, la *Crónica de Eutrando*, un religioso toledano del siglo X, desterrado en Francfort, del que hasta entonces no se tenía noticia.

Todos estos documentos tenían en común el hallarse perdidos desde comienzos de la Edad Media, aunque habían sido mencionados por autores posteriores. Jerónimo Román de la Higuera aseguraba haber recibido copias de ellos procedentes de un tal Tomás de Torralba, antiguo discípulo suyo, que los halló en poder de un potentado alemán que los había sustraído de la abadía alemana de Fulda, famosa por su nutrida biblioteca, y que le había permitido copiarlos, aunque se negó a cederlos o vendérselos.

Años más tarde, Román de la Higuera presentaría un cuarto cronicón, esta vez atribuido a un supuesto vicario de origen mozárabe en tiempos de la Reconquista llamado Julián Pérez, testigo privilegiado de importantes acontecimientos históricos de la cristiandad. Y para reafirmar la solvencia de su fuente no dudó en atribuirle el haber conocido personalmente al Cid y otros ilustres varones de la época.

No será necesario precisar que todos estos documentos eran un conjunto de falsedades nacidas de la pluma del jesuita toledano con una finalidad que todavía hoy sigue suscitando controversia entre los investigadores, aunque parece bastante claro que pretendían avalar con «pruebas documentales recuperadas del pasado» una reconstrucción de la historia de España a favor del catolicismo. No puede ser casual, a este respecto, el que, al referirse al cristianismo primitivo en la península ibérica, todas las prácticas, creencias y tradiciones mencionadas en los cronicones, vinieran a coincidir con las posiciones dogmáticas establecidas por la Iglesia católica después del Concilio de Trento.

Llegados a este punto, convendrá trazar un breve retrato de situación.

En el último tercio del siglo XVI, España acusaba un proceso de descomposición interna, de profunda crisis nacional con pérdida de la hegemonía que había ostentado en medio mundo, unida a la miseria social. Ello suscitó que el orgullo nacional fuese derivando al ámbito religioso dando lugar a la reacción triunfalista, tan característica del barro-

co, que se traduciría en una multiplicación de iglesias, conventos, imágenes milagrosas, reliquias, visiones, profecías... al tiempo que se vuelve la mirada al pasado para reivindicar antiguas glorias religiosas por las que cada pueblo compite para erigirse en el punto más elevado posible de la escala.

Es un momento, además, en el que España, que se había constituido como bastión implacable contra la reforma protestante impulsada por Lutero, se lanza a reforzar la visión cristiana y gloriosa de nuestros orígenes. Pero para ello no bastaba componer un discurso pertinente. Había que sustentarlo con pruebas y estas fueron a buscarse con ahínco. Lamentablemente, los avatares adversos del tiempo habían

Lamentablemente, los avatares adversos del tiempo habían relegado al olvido, cuando no hecho desaparecer, muchos fondos documentales que ahora se juzgaba prioritario recuperar... o reinventar

relegado al olvido, cuando no hecho desaparecer, muchos fondos documentales que ahora se juzgaba prioritario recuperar... o reinventar. Los numerosos archivos que había todavía inexplorados, hacía verosímil sacar a la luz alguna obra de autor antiguo que se tuviera por perdida y adecuar su contenido a los intereses que se pretendían. La práctica ausencia de la crítica histórica, unida a cierto halo de erudición de los supuestos descubridores, facilitaban sin duda el engaño.

A este respecto, Román de la Higuera iba a mostrar una capacidad de invención extraordinaria y, lo que es más asombroso, de desenvoltura para convencer a casi todo el mundo de la veracidad de sus engaños.

En esta activa campaña de reconversión histórica, tuvo también muy presente a su patria chica. No sólo por una motivación sentimental, sino porque, en el momento histórico que le tocó vivir, Toledo rivalizaba con otras ciudades por verse presentada como centro espiritual y político de España. A este respecto, la contribución de nuestro personaje fue notable. Uno de los trabajos a los que se dedicó con mayor empeño fue la *Historia eclesiástica de la imperial ciudad de Toledo y su tierra*, una apología entusiasta de la urbe y su Iglesia a las que vincula directamente con los orígenes del cristianismo, en un intento de legitimar el poder del cabildo toledano frente a las otras diócesis e, incluso, ante la misma Roma.

Especial empeño puso también en ampliar artificialmente el santoral local con relatos de mártires toledanos durante las persecuciones de Roma de los que nadie tuvo nunca noticia ni figuraban en fuente alguna conocida. Uno de ellos fue san Tirso, a quien nuestro inventivo personaje se empeñó hacer patrono de Toledo a toda costa, pese a que ninguno de los cuatro santos conocidos con este nombre fue español ni se tenga constancia siquiera de que alguno de ellos llegara a pisar nunca el suelo patrio.

La ocasión para ello se presentó propicia con motivo de las obras que se llevaban a cabo para la construcción de la capilla del Sagrario de la catedral. Al excavar el subsuelo, un obrero encontró casualmente, junto a restos óseos y otros materiales, una tapadera de cobre que tenía talladas las letras CS bajo una corona real. Puesto el hallazgo en conocimiento de Román de la Higuera, como autoridad reconocida en materia histórica, éste se apresuró a exhibir, también casualmente, una carta del siglo octavo, en latín, que dijo haber encontrado en un libro gótico de la biblioteca de la catedral. En ella, el rey don Silo de Asturias, contestando a otra misiva del arzobispo Cixila de Toledo en la que este le contaba las dificultades que había tenido para la edificación de un templo a san Tirso, le decía: «*Ahora, pues, la reina envía para vuestra nueva iglesia de san Tirso mártir, que he oído que habéis acabado, ciertos donecillos: un cáliz de plata y pa-*

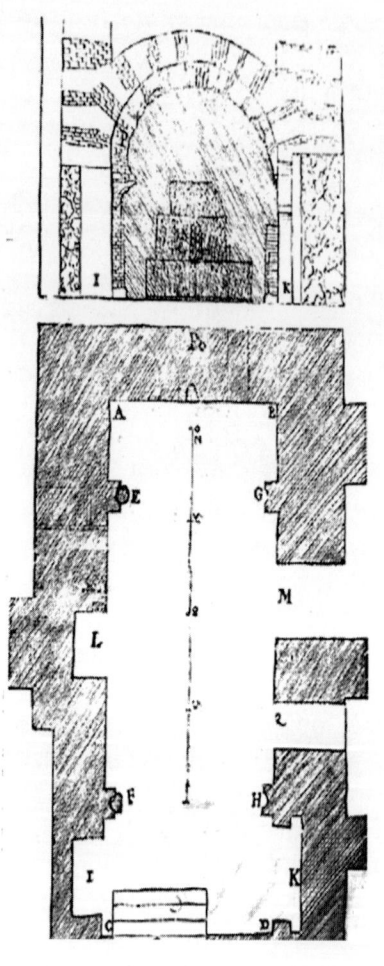

Planta y alzados del supuesto templo dedicado a San Tirso en Toledo. Sobre estas líneas, tapador del aguamanil encontrado con las iniciales CS. Dibujos contenidos en el memorial enviado a Felipe II por Alonso de Cárcamo. Biblioteca Nacional. (Tomados del trabajo «Falsos de Toledo...», de Jesús Carrobles y Jorge Morín).

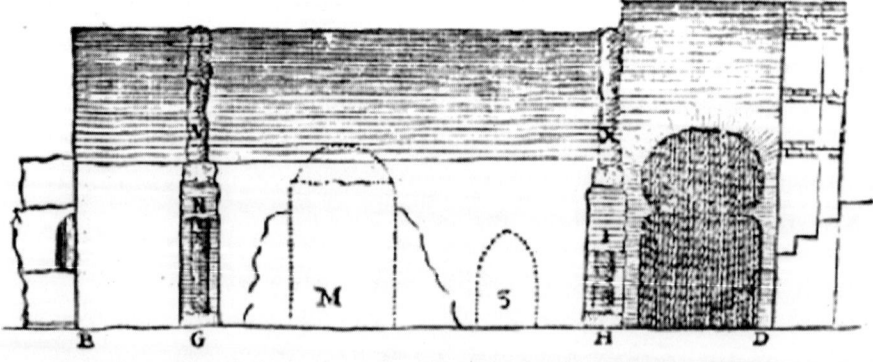

tena, con aguamanil y con su pico, y en la cubierta la corona de nuestro reino con tu nombre y el mío en cifra, así: CS. Servirá para dar la sangre del Señor al pueblo».

¿Cabía prueba mayor?

Para el corregidor de Toledo, Alonso de Cárcamo, hombre sencillo y de no mucha erudición, desde luego, no. Así que, se lanzó a reivindicar al nuevo santo local, con el oportuno asesoramiento de Román de la Higuera, quien hizo de nuevo acopio de la documentación oportuna para «demostrar» que san Tirso había sido martirizado en Toledo durante las persecuciones romanas, presentándole como uno de los primeros cristianos de la ciudad. Su culto habría dado origen a una iglesia o monasterio a él dedicado, al cual pertenecerían los restos encontrados junto a la catedral.

Con toda esta información, el corregidor envió al rey Felipe II una relación del hallazgo que el monarca recibió con gran satisfacción, hasta el punto de ordenar que la infanta Isabel diera pública lectura del documento a la Corte, mostrando por su parte interés en visitar los restos descubiertos en su próxima visita a Toledo.

La noticia sobre el nuevo santo tan vinculado a la ciudad, pronto se extendió entre los toledanos, pero en lugar de causar el unánime regocijo que cabría esperarse, dio lugar a una fuerte controversia que derivó en dos frentes: por un lado, los partidarios de nombrar a san Tirso patrono de la ciudad, para lo que se constituyó a toda prisa una cofradía destinada a fomentar su culto, y, por otro, la de quienes pugnaban por mantener a los patronos antiguos y reconocidos ante la sospecha de que los argumentos esgrimidos por Román no ofrecían mucha fiabilidad.

En realidad, la intención del falsario historiador iba más allá del propósito devocional. Su defensa de san Tirso permitía exaltar el rito mozárabe, propio de To-

La noticia sobre el nuevo santo tan vinculado a la ciudad, pronto se extendió entre los toledanos pero, en lugar de causar el unánime regocijo que cabía esperarse, dio lugar a una fuerte controversia.

El corregidor encargó a Lope de Vega una obra sobre la vida y martirio del santo, consciente de la popularidad del escritor y del éxito y el agrado con que el pueblo acogía todas sus comedias.

---

ledo, frente al rito latino impuesto desde Roma. El nuevo santo constituía, pues, una bandera política y religiosa que Toledo podía ondear como símbolo de una tradición cristiana independiente y antigua.

Con idéntico propósito, el corregidor Alonso de Cárcamo, dispuesto a liderar la causa por san Tirso, encargó a su ilustre vecino Lope de Vega, una obra sobre la vida y martirio del santo, consciente de la popularidad del escritor y del éxito y el agrado con que el pueblo acogía todas sus comedias. Lope aceptó la propuesta de inmediato y se puso a la tarea, que completó en tan solo ocho días en los que se mantuvo recluido en su casa, rodeado de libros y posiblemente dejándose asesorar por Román de la Higuera, con quien había trabado amistad.

La comedia, de carácter religioso, concebida para ensalzar el heroísmo del mártir y exaltar el orgullo de la ciudad, fue titulada *San Tirso de Toledo*. El actor Juan de Porras, uno de los cómicos más famosos de la época, que trabajó en numerosas obras de Lope, sería el encargado de representarla en el papel principal.

Sin embargo, las autoridades eclesiásticas no vieron con buenos ojos esta iniciativa y se negaron a conceder la licencia para su representación, argumentando que los seglares no podían decidir quién debía de ser o no ser patrón de la ciudad. Y aunque la Inquisición revisó el texto y no encontró en él nada contrario a la doctrina, el ambiente de sospecha y rivalidad que se fue generando en la ciudad, no favorecía el que la obra pudiera representarse en el clima de sosiego deseable.

Mientras los partidarios del nuevo santo dieron en publicar textos defendiendo sus tesis, los opositores, encabezados por el clérigo e historiador Pedro Salazar de Mendoza, respondieron con duras críticas y el canónigo y bibliotecario de la catedral Juan Bautista Pérez, retó a Román de la Higuera a presentar el original de la carta que aseguraba haber descubierto, lo cual, como

Pedro Salazar de Mendoza y Juan Bautista Pérez

es lógico, hubiera acabado con todas las disputas. El único problema era que tal carta no existía, por lo que el falsario historiador se limitó a responder con evasivas y, cuando vio que la presión no cesaba, contratacó dando muestra de su absoluto descaro llegando a preguntar a sus opositores qué daño se hacía a la fe manifestando que san Tirso era de Toledo.

Lope, por su parte, se vio atrapado en el centro de la tormenta. Mientras seguramente se reafirmaba en haber actuado con la mejor voluntad, constatando que su obra había sido objeto de elogios por su ingenio y su piedad, el enfrentamiento entre el ayuntamiento y la catedral hacía inviable su representación en un escenario. Poco después, el cambio de corregidor y la muerte del rey Felipe II, al que se había informado de la disputa, pusieron fin al asunto y la figura de san Tirso fue diluyéndose hasta desaparecer de la conciencia colectiva.

La tragedia de Lope acabó también perdida, quizás destruida o simplemente relegada al olvido. De ella hoy solo queda constancia porque su título aparece consignado en la relación de comedias del autor contenida en el prólogo de *El peregrino en su patria*, la única novela escrita por nuestro gran dramaturgo del Siglo de Oro.

De este modo, *San Tirso de Toledo* quedó como el recuerdo que simboliza el choque entre la fe oficial y la devoción popular que dio lugar a la utilización del supuesto santo. También nos permite reconocer la actitud de Lope de Vega como poeta comprometido con la realidad de su tiempo que no solo escribe una obra religiosa por encargo, sino que toma partido en una causa local, defendiendo la identidad toledana y la tradición mozárabe frente al poder eclesiástico central.

El episodio de san Tirso muestra con claridad la compleja red de intereses que caracterizaba la sociedad toledana de finales del siglo XVI. Por un lado, estaban los mozárabes, orgullosos de mantener un rito litúrgico heredado de los visigodos y símbolo de la identidad toledana. Por otro, los clérigos «latinos», partidarios de la ortodoxia romana. En medio, personajes como Lope o el propio Román de la Higuera actuando movidos por una mezcla de convicción, oportunismo y deseo de reconocimiento. La figura del padre Román sigue siendo un ejemplo fascinante de cómo la invención puede confundirse con la historia. Su deseo de dar a Toledo un nuevo santo lo llevó a crear documentos falsos, crónicas inventadas y argumentos teológicos elaborados. Por supuesto, sus falsificaciones engañaron a muchos contemporáneos, pero también revelan el profundo anhelo de una ciudad por reafirmar su grandeza. En ese sentido, la historia de san Tirso es menos un fraude y más un síntoma del espíritu barroco: una época que prefería el esplendor de la apariencia a la frialdad de los hechos.

El *San Tirso de Toledo* no llegó a representarse, pero su huella pervive también como símbolo de un tiempo en que la literatura y la política caminaban de la mano. Lope de Vega, poeta de lo hu-

> **San Tirso de Toledo quedó como una tragedia no solo literaria, sino también histórica: una obra perdida que simboliza el choque entre la fe oficial y la devoción popular.**

mano y lo divino, participó en una trama donde las fronteras entre verdad y ficción se desdibujaban. Su tragedia perdida nos recuerda que el teatro del Siglo de Oro no solo servía para entretener, sino también para construir identidades, defender causas y desafiar poderes. Al igual que sucede hoy, era una herramienta de comunicación, de propaganda y de debate.

Más de cuatro siglos después, el eco de aquel acontecimiento casi olvidado nos traslada una lección sobre la fragilidad de la historia y la importancia del examen razonado de sus fuentes frente a la fe ciega en la tradición y las costumbres.

«¡Veinte céntimos un kilo de patatas! Esto es el colmo
de la carestía, porque la patata pesa mucho y un kilo no da
para nada como sea un poco numerosa la familia.
La patata es, como el pan, artículo de primera necesidad.
Se comprende, por tanto, la honda perturbación que
ha producido la subida del precio de ese alimento
de los pobres que, a veinte céntimos el kilo, es carísimo.
*En los hogares pobres, en las casas de huéspedes baratas,
en las mansiones donde habitan los necesitados de la clase
media con numerosa familia, reina desde hace dos días
la consternación porque el precio de las patatas ha subido,
y las patatas constituyen la base de su alimentación.
El guisadito, el célebre guisadito castellano
con el pimentón que le colorea, con el azafrán
que le dora, dándole gusto y aroma, va a ser ya un plato
de lujo que no estará al alcance de la madre de familia
que se le pone con abundancia a sus hijos.
La patata es la base de la alientación de las clases poco
acomodadas, y su carestía puede producir una perturbación
social».*

El Chiquitín de la prensa. 12 marzo 1898

El toledano José Díaz Morales y otros cineastas del exilio

ROSA BALLESTEROS

El toledano José Díaz Morales* fue uno de los más de veinte mil españoles que se vieron obligados a tomar el camino del exilio hacia México. (En este artículo, todos los nombres marcados con asterisco corresponden a exiliados con la Guerra Civil).

Cruzando el Atlántico, Díaz Morales llegó a finales de 1936 y allí vivió y trabajó en la industria del cine como actor, guionista y director en casi un centenar de películas, combinando esta actividad con la de periodista, su primera profesión, en publicaciones mexicanas como *Excelsior*. En palabras del filósofo José Gaos*, discípulo de Ortega y Gasset y hermano de la gran actriz Lola Gaos* (quien regresó del exilio en 1945), él mismo fue uno de tantos «empatriados» que hicieron propio el país de acogida, o si se quiere «transterrados», como el filósofo define a los hombres y mujeres que abandonaron España entre 1936 y 1939, un contingente estimado entre 500.000 y 600.000, según las distintas fuentes. El mismo año en que se exilió nuestro toledano, a finales de 1936, había sido publicado en Madrid, en la imprenta Galo Sáez, su libro humorístico *¡Zas! (Gulliver en el país de la calderilla)* con prólogo de Miguel de Unamuno.

José Díaz, personalidad muy interesante, pero apenas conocido por sus paisanos, no fue profeta en su tierra y se tienen pocos datos de su vida, al margen de su actividad en el mundo del cine, y muy poco de su biografía, aunque alguna fuente apunta que estuvo casado con una tal Hermelinda Zaldívar Hernández y que siguió ejerciendo como periodista. En España había sido redactor del *Heraldo de Madrid*, un diario publicado en esta capital entre el 29 de octubre de 1890 y el 27 de marzo de 1939, de ideología liberal y dirección de

Felipe Ducazal, el mismo diario que facilitó a la escritora y activista feminista Carmen de Burgos (más conocida por su alias de escritora: «Colombine»), lanzar en 1906 una campaña a favor del sufragio femenino, con una columna titulada «El voto de la mujer». Para este mismo periódico cubrió, como reportera, la guerra de Marruecos, si bien sus inicios como periodista profesional habían sido en el *Diario Universal*, lo que la convierte en la primera mujer periodista de profesión en nuestro país. Por cierto, Carmen también vivió en Toledo, donde fue profesora de la Normal de maestras entre 1908 y 1909, no sin ciertos sobresaltos, aunque este tema sobrepasa el presente artículo.

Retomamos de nuevo a nuestro paisano, José Díaz, que llega a México justo cuando se inicia la llamada edad de oro del cine mexicano (1936-1956). Una feliz coincidencia que le facilitaría su incursión en aquella industria sin abandonar, no obstante, su profesión como periodista y escritor, como ya sabemos, fundando, por ejemplo, la revista *Estampa*, réplica de la que había existido en Madrid (1928-1938).

La industria del cine en aquel país fue muy temprana, iniciando su despegue en 1896 gracias a dos enviados de los hermanos Lumière: los operadores Gabriel Veyre y Ferdinand Von Bernard. México fue el primer país del continente americano que disfrutó de la nueva maravilla, y no los Estados Unidos, como generalmente se cree, porque su entrada había sido «bloqueada» por Thomas Alva Edison, según algunas fuentes, si bien se apunta (y esto es política) que el entonces presidente azteca Porfirio Díaz (1876-1911) o su gobierno, estaban en muy buena sintonía con el gobierno de Francia, en ese momento con Félix Faure en la presidencia y, por ello, los padres del cine prefirieron México para que fuera el primer país americano en presenciar este invento. Tras la etapa del llamado cine mudo, finalizada en 1929, se inicia la etapa del cine

José Díaz llega a México justo cuando se inicia la llamada edad de oro del cine mexicano. Una feliz coincidencia que le facilitaría su incursión en aquella industria.

José Díaz Morales en 1950. Fotografía de la revista *Cinema Reporter*. N° 607.

hablado, siendo su primera película *El águila y el nopal*, dirigida por Miguel Contreras Torres. La época dorada del cine mexicano, como ya anticipamos, comenzó en 1936 con el estreno de *Allá en el Rancho Grande*, de Fernando Fuentes, y culminó en 1956. Entre las últimas películas de esta época dorada: *Los olvidados* y *Susana (Demonio y carne)*, ambas dirigidas por el genio español Luís Buñuel*. En la primera, intervienen profesionales españoles como Luis Alcoriza* en el guion, y también los músicos Gustavo Pittaluga* y Rodolfo Halffter*; en la segunda, como actrices de reparto, las españolas María Gentil Arcos* y María Palou.

En este contexto, nuestro paisano llegó a México, como se suele decir, al lugar y en el momento oportunos. Fue el primer cineasta español en participar en su industria, la primera de su género, junto con la argentina, que a principios de los años 40 estaban a la cabeza de la producción cinematográfica latinoamericana. En ello tuvo que ver la política proteccionista desarrollada por el presidente Lázaro Cárdenas, con la creación de la productora CLASA y los Estudios Azteca que, como el Ave Fénix, había conseguido resucitar la industria mexicana del cine, multiplicando por seis su producción.

A su llegada al continente americano, pues, los exiliados republicanos se encontraron con una industria en expansión y con capacidad de absorber a un buen número de profesionales españoles del género (actores, directores, guionistas, especialistas varios...), si bien este asunto no estuvo exento de fricciones, especialmente a mediados de los años 40, cuando tropezaron con una cierta resistencia por parte de los sindicatos, temerosos de la competencia y el perjuicio que podía derivar en los trabajadores autóctonos, por lo que, a mediados de la década, la Asociación Nacional de Actores mexicanos, presidida por Jorge Negrete, decidió reducir la participación foránea al treinta y cinco

Un rodaje en los estudios Azteca de México, en los años 40.

por ciento. En este veto se incluyó, por poner un ejemplo, al documentalista y director gallego Carlos Velo* que hacía su debut como director en el film *Entre hermanos*, estrenado en 1944, y finalmente dirigido por el mexicano Ramón Peón, con un guión que Velo había escrito junto con Mauricio Magdaleno y Emilio Fernández (por el que obtendrían una nominación en los Premios Ariel de 1947). En el reparto encontramos un par de actrices españolas como la valenciana Anita Blanch* y la entonces niña Alicia Rodríguez*, quien llegaría a ser una reconocida actriz y activista social, por lo que llegó a ser nominada al Nobel de la Paz. Pero, como en el caso de la citada Colombine, esta es materia para otro artículo.

Otro de nuestros «transterrados», el poeta León Felipe*, se refería en carta abierta de 1945, recogida por el crítico de cine mexicano Emilio García Riera* a Mario Moreno «Cantinflas», entonces secretario general del Sindicato del Espectáculo, sobre las restricciones a los profesionales foráneos: «Por la justicia y la libertad he caminado yo también mucho por el mundo y he querido dar por ellas hasta mi pobre sangre de juglar [...], no puedo trabajar en mi oficio, que no

León Felipe

puedo hacer aquello para lo que he nacido, porque los sindicatos me cierran las puertas de la justicia más elemental». Por cierto, que Mario Moreno trabajó en un buen número de películas con el actor español Pedro Elviro Pitouto*, un cómico ya famoso en España y Francia, que se consolidó en aquel país como *partner* de Cantinflas.

Sin experiencia como guionista, José Díaz debutó con el musical *Canto a mi tierra* (1938) dirigido por José Bohr, todo un personaje que fue director de cine, compositor musical, actor, productor, guionista y director de fotografía, de origen alemán y naturalizado chileno. Amigo de Chaplin, Negrete y Buñuel, trabajó en Argentina, Chile, Estados Unidos y México. Poco después protagonizó la primera película en español producida en Hollywood, *Sombras de gloria*, por la que recibió un Oscar simbólico, pues aún no existía la categoría de mejor película extranjera.

Su segunda aparición en la gran pantalla fue en un corto satírico: *Charros Juyuyuy*. Por otro lado, Díaz hizo patria introduciendo a nuestro Pérez Galdós con películas como *Adulterio* (1943), con el título de *Aventura* para otros países, basada en la novela *El abuelo*. Como curiosidad añadida, la protagonista se llamaba Hilda Krüger, una actriz

Sin experiencia como guionista, José Díaz debutó con el musical *Canto a mi tierra*, dirigido por José Bohr, todo un personaje amigo de Chaplin, Negrete y Buñuel.

alemana, divorciada de un judío (y amante de Joseph Goebbels, el todopoderoso ministro de Propaganda), que ejerció el doble papel de actriz y espía nazi. En los títulos de crédito encontramos actores y actrices españoles: Julio Villarreal*, Roberto Corell*, Jesús Valero*, Prudencia Grifell*, María Gentil Arcos* o Amparo Villegas*.

Basadas en otras obras de Galdós, durante la época de oro del cine mexicano, sus novelas fueron las más adaptadas. Años más tarde se realizaron dos telenovelas de su novela *Marianela* (1961, 1988).

Según el ya citado experto Emilio García Riera, entre 1940 y 1950 se adaptaron cincuenta y cuatro películas basadas en obras de escritores españoles: Carlos Arniches, Blasco Ibáñez, José Zorrilla o el citado Galdós, por citar algunos nombres. De este último se produjeron hasta ocho películas, entre 1943 y 1998. Con la ya citada *Marianela*: *La loca de la casa* (1950), *Doña Perfecta* (1951), *Misericordia* (1953), *Tormenta de odios* (1954), *La mujer ajena* (1955), de su novela *Realidad*; *Nazarín* (1959) o *Viridiana* (1961), de su novela *Halma*, ambas con Francisco Rabal como protagonista masculino y dirección de Buñuel.

Cartel de la película *Cristóbal Colón*, que se exhibió en los cines españoles a pesar de que su director José Díaz tenía la condición de exiliado.

Entre su filmografía, en su homenaje particular patrio, recordamos el film *Cristóbal Colón* (1943), uno de sus grandes éxitos, producido por Francisco Hormaechea (el mismo productor de *Adulterio*). Fue protagonizada por Julio Villarreal*, en el papel del almirante, música de Halffter* y decorados de Manuel Fontanals*; la película, curiosamente, aunque Díaz tenía condición de exiliado, se exhibió en los cines españoles.

Tenía cierta obsesión, al parecer, con el tema gitano, a tenor del argumento y título de algunos de sus filmes como *Pasión gitana (Los amores de un torero)* y *Una gitana en México* (ambas de 1945) o *Una gitana en Jalisco* (1947), protagonizadas

La inmaculada pureza del Redentor, en un film de cristiana fe y conmovedora emoción.

DIRECCIÓN
JOSÉ DÍAZ MORALES

MÚSICA SACRA DE
RODOLFO HALFFTER

Cartel de la película Jesús de Nazaret, dirigida por Jose Díaz en 1942

las dos por la malagueña Paquita de Ronda* y el madrileño Ángel Garasa*.

José Díaz fue también el primer cineasta que llevó a las pantallas del país azteca la vida de Jesús de Nazaret. Estrenada en 1942 tiene un amplio repertorio de profesionales españoles, con el ya citado escenógrafo Manuel Fontanals* y un elenco de actores, presididos por el protagonista, José Cibrián*, en el papel de Jesucristo, como Andrés Novo*, José Morcillo*, Ramón G. Larrea*, Manuel Santamaría*, Rafael Medina*, Rafael María de Labra*, Enrique García Álvarez*, Francisco Reiguera*, José Baviera*, Consuelo Monteagudo*, Amparo Morillo*, Victoria Argota* o Consuelo Abascal*.

Es imprescindible citar, por la repercusión que tuvo, la celebración en Madrid (verano de 1948) del II Certamen Cinematográfico Hispanoamericano (el primero fue en octubre de 1931 propiciado por Fernando Viola). Tras su gestión, se iniciaría la coproducción entre España y México. El acuerdo fue firmado también con Argentina, con el fin de apoyar el cine de habla española en los tres países. *Jalisco canta en Sevilla*, estrenada en 1949 (con Jorge Negrete y Carmen Sevilla como protagonistas) sería el primer intento de llevar a cabo ese proyecto, que también pretendía «romper el hielo» de unas relaciones, a todos los niveles, muy deterioradas tras la guerra civil; con ello se abría ese mercado y se pensaba fluirían tanto el intercambio comercial, como la colaboración entre equipos y filmes. La película la dirigió el mexicano Fernando de Fuentes, aunque contó con un buen número de profesionales españoles: Paulino Masip*, Adolfo Torrado, Ángel de Andrés o Mercedes Muñoz Sampedro (tía de Javier Bardem), entre otros.

Aprovechando la coyuntura, el siempre activo Díaz Morales, cruzaría el Atlántico, en dirección opuesta, para rodar tres largometrajes en España: *El capitán de Loyola*, con guion de José María Pemán y Rafael Durán y Maruchi Fresno como protagonistas; *Paz*, de nuevo con Durán y Emilia Guiú* (ambas de 1949), y *La revoltosa* (1950) con Carmen Sevilla y Tony Leblanc.

Por otra parte, la filmografía del toledano fue de un estilo muy variado. Antes de volver a rodar en España había dirigido películas como *Una gitana en México* (1945), *La culpable* (1946), *Palabras de mujer* (1946), *Por un amor* (1946), *Carita de cielo* (1947) o *Pecadora* (1947) con la catalana Emilia Guiú*, en uno de sus recurrentes papeles que la convertirían en una de las primeras *vamps* del cine azteca.

Durante las décadas de los 50 y 60 sus producciones se resienten en calidad. Según algunos autores, le interesaba garantizar la taquilla con culebrones y dramas, especialmente amados por el gran público: *La malcasada* (1950), *Esposas infieles* (1956) o experimentos musicales «rockanroleros»: *Al compás del rock'n roll* y *Los Chiflados del rock and roll* (1957) e, incluso, según el historiador Jorge Chaumel, argumentos de rebeldías juveniles como *Juventud desenfrenada* (1957), con desnudo feme-

El acuerdo de coproducción entre España y México fue firmado también con Argentina, con el fin de apoyar el cine de habla española en los tres países.

Carteles de tres películas rodadas
por Díaz Morales en España en 1949
y 1950.

nino incluido; *Concurso de belleza* (1958), *La rebelión de los adolescentes* (1959) o *La rebelión de las hijas* (1970), por citar algunos títulos. También introdujo, y fue pionero, en dirigir películas con enmascarados (*El barón Brákola*) o la lucha libre.

No nos resistimos, para finalizar el artículo, a citar a otro director de origen manchego, como es el ciudarrealeño (Villahermosa, 1907) Miguel Morayta*, militar republicano, guionista y director de cine en aquel país, en el que murió en 2013 a la venerable edad de 105 años. Entre 1944 y 1978 llegó a dirigir 74 películas y ha sido uno de los máximos exponentes de la época dorada del cine mexicano. Pero, como otros personajes citados, esta ya es otra historia.

Entre tantos profesionales de la industria del cine cabe recordar, por ser menos conocidos, en general, a Emilio Tuero Cubillas*, Carlos Sampelayo*, José María Linares Rivas* o Augusto Pérez Lías*, junto a otros más conocidos, como el poeta y escritor malagueño Manuel Altolaguirre*, debutante como guionista en el cine mexicano con la adaptación de *La casa de la Troya* (1947), dirigida por Carlos Orellana y basada en la novela de Pérez Lugín,

Miguel Morayta

o el también dramaturgo y crítico Álvaro Custodio*: *El canto de la sirena* (1947), *Coqueta* (1949) o *Mujeres en mi vida* (1949).

Finalmente, habrá que esperar a 1962 para encontrar una película (independiente y *amateur*) hecha íntegramente por un equipo de exiliados y argumentada en el tema del exilio español. Tiene como título *En el balcón vacío*, dirigida por Jomí García Ascot*, guion del mismo, con su mujer María Luisa Elío* y el ya citado Emilio García Riera* y un

film mexicano

EN EL BALCON VACIO

Dirección:
JOSE MIGUEL GARCIA ASCOT
Con:
NURI PERENA / MARIA LUISA ELIO

elenco de actores no profesionales exiliados.

Por lo general, los cineastas exiliados acabaron adaptándose a los géneros dominantes en las industrias de adopción, tanto en México, como en Argentina, por poner los dos ejemplos más relevantes. En México con películas de charros, melodramas y comedias románticas y en Argentina con argumentos que tienen como fondo a gauchos y tanguistas. Y en este contexto situamos, como ya comentamos, a nuestro paisano José Díaz Morales que, como tantos paisanos, Masip* entre ellos, tuvo que plegarse a las exigencias comerciales de los países de acogida. Los estudiosos no se han puesto de acuerdo aún sobre cuál fue su destino final, que unos sitúan en México y otros en España. Lo cierto, y es lo importante, que su vida y su hacer profesional no hayan caído en los brazos del olvido, que sería como decir que nunca existió.

Una versión norteamericana sobre Don Rodrigo y el palacio encantado

MARIANO MARTÍN RODRÍGUEZ

La caída de la monarquía visigoda tras la batalla de Guadalete y la subsiguiente ocupación de la mayor parte de su territorio por los ejércitos islámicos procedentes del norte de África fueron tan súbitas que pronto se empezaron a pergeñar historias que explicaran tal prodigio histórico. Para ello, los cronistas fueron pergeñando a lo largo de los siglos las diversas leyendas que componen la materia de la «pérdida de España», leyendas históricas que luego pasarían a la literatura de ficción en prosa y verso hasta llegar a la abundante floración de narraciones legendarias más o menos fabulosas producida en el largo período romántico que abarca el XIX y, como supervivencia literaria, la primera mitad del siglo XX.

Estas leyendas tienen como protagonista a don Rodrigo, el notorio último rey godo que en la literatura aparece caracterizado casi invariablemente como un mal soberano, cuyos actos inmorales le habían hecho merecedor del castigo abatido sobre su cabeza y la de sus súbditos. La leyenda de la traición decisiva del conde don Julián, por la que abrió las puertas del reino a los invasores movido por el deseo de vengar el honor de su hija Florinda, forzada por don Rodrigo, es sin duda la que más fortuna literaria ha tenido a lo largo del tiempo, hasta el punto de poder rivalizar en fama con la leyenda del Cid, a la que probablemente supera en cuanto a su recepción internacional, ya que la recrearon románticos incluso de regiones tan alejadas geográfica y culturalmente de España como la América inglesa. De hecho, fue un hispanófilo estadounidense, Washington Irving (1783-1859) quien mejor sintetizó esa materia tradicional en su *Legends of the Conquest of Spain* (*Leyendas de la conquis-*

ta de España, 1835), libro concebido como una especie de historia legendaria unificada de la tragedia nacional provocada por el rey don Rodrigo. Sin embargo, uno de sus capítulos puede leerse como un cuento fabuloso independiente. Se trata del titulado en el original *Story of the Marvellous and Portentous Tower*, cuya primera versión al castellano, con el título de *Historia de la torre encantada y maravillosa*, pudieron leer los lectores de la revista madrileña *La Crónica* en su número 28 de 13 de abril de 1843. En él, Irving ofreció su propia versión, dotada de la fluidez y eficacia narrativas características de su obra, de una leyenda explicativa de la «pérdida de España» por causas mágicas.

Esta «torre encantada» es una construcción que la tradición occidental atribuye al semidiós Heracles/Hércules a su paso por Toledo, ciudad supuestamente fundada por él. Como es seguramente de esperar, Heracles no aparece en la versión árabe de la misma leyenda, cuya manifestación más conocida es un célebre cuento de *Las mil y una noches*, que el argentino Jorge Luis Borges (1899-1986) adaptó con el título de *La cámara de las estatuas* (1933); *Historia univer-*

Jorge Luis Borges
y Manuel González Prada

sal de la infamia, 1935), introduciendo pequeños cambios que parecen mejorar el original. Por motivos solo por él conocidos, Borges excluye Toledo como lugar de la acción, cosa que no había hecho el peruano Manuel González Prada (1844-1918) en su breve poema *El palacio de Toledo*, publicado póstumamente en un volumen de *Baladas* (1939). González Prada tampoco menciona a Hércules y hace coincidir el palacio encantado con el alcázar de Toledo, alcázar cuyo nombre, de origen árabe, también liga su versión a la tradición oriental.

En cambio, la mayoría de las versiones se ligan a la tradición occidental y a la figura de aquel héroe griego, a quien se atribuye en esa tradición la orden de que los reyes de España debían no solo mantener cerrado a cal y canto este edificio misterioso (torre, palacio o cueva, llamada lógicamente de Hércules), sino incluso añadir cada uno un nuevo cerrojo. Por desgracia, el rey don Rodrigo no escuchó a sus consejeros, que intentaban disuadirlo de su desobediencia al mandamiento herculeo, y valiéndose de su derecho y potestad reales de tener paso franco hasta su interior, entró en busca de los tesoros que allí creía guardados.

Sin embargo, al hacerlo, no encontró más que la imagen pintada de unos guerreros que, según el escrito que figuraba en ella, serían los del ejército que acabaría con su persona y con su reino.

Esta impresionante y sugestiva leyenda había sido el tema de una novela corta del marqués de Sade (1740-1814) titulada *Rodrigue, ou la tour enchantée* (*Rodrigo o la torre encantada*), de su libro *Les crimes de l'amour* (*Los crímenes del amor*, 1798). Esta narración suya, tan extensa como moralizante, con un rey don Rodrigo caricaturesco a fuerza de malvado, no ejercería la influencia de la de Irving. Su versión, más sobria y ceñida a los elementos constitutivos de la tradición, sería la más popular a lo largo del siglo XIX, tanto en España como en otros países. En castellano recrearon la leyenda, con variantes de detalle, entre

Esta impresionante y sugestiva leyenda había sido tema de una novela corta del Marqués de Sade titulada *Rodrigo o la torre encantada*.

otros, Basilio Sebastián Castellanos de Losada (1807-1891), con el título de *La torre encantada de Toledo* (1837), y Víctor Balaguer (1824-1901), cuyo cuento *El palacio encantado* forma parte de una estampa literaria sobre *La Cartuja de Jerez* incluida en su libro *Los frailes y sus conventos* (1851). Más adelante, Eugenio de Olavarría y Huarte (1853-1933) escribió *El palacio encantado* (1880), que es una de las versiones más amplias y literariamente elaboradas entre las fieles a los datos de la tradición, género este al que pertenece según indica su inclusión en su libro *Tradiciones de Toledo* (1880). En la primera mitad del siglo XX, se pueden recordar asimismo *El palacio encantado* de Francisco Machado (1884-1950), que es una de sus *Leyendas toledanas en verso* (1929), y el cuento *La cueva de Hércules*, publicado por alguien que firmaba con el seudónimo de «Amapola» en tres números del *Heraldo Toledano* entre mayo y junio de 1930.

Entre los extranjeros debió de ser una de las leyendas toledanas que más escucharon o despertó su imaginación en Toledo, pues varios de los escritores que viajaron a la antigua *urbs regia* goda la resumieron con mayor o menor detalle en sus libros de viaje a España, destacando a este respecto Téophile Gautier (1811-1872), al contar extensamente la leyenda de la cueva de Hércules (otro nombre del palacio encantado) en el capítulo toledano de su *Voyage en Espagne* (*Viaje por España*, edición definitiva en 1845), y Edmondo De Amicis, al reproducir la supuesta narración de la leyenda del palacio encantado por un guía de Toledo en su *Spagna* (*España*, 1873).

Entre las publicaciones de esta leyenda como narración plenamente autónoma, la que se puede tener por comparable en calidad a la de Olavarría y Huarte es la que el escritor estadounidense Charles Morris (1833-1922) recogió en 1998 en el volumen dedicado a España de sus *Historical Tales*, esto es, cuentos históricos en los que novelizó

> **Entre los extranjeros debió de ser una de las leyendas toledanas que más escucharon o despertó su imaginación, pues varios la resumieron en sus libros de viaje.**

Angelus Edition

TEXT-BOOKS OF THE
Angelus University Course
IN THE HISTORY OF THE WORLD'S
GREATEST NATIONS

Historical Tales
The Romance of Reality

By

PROF. CHARLES MORRIS

Author of "Half-Hours with the Best American Authors," "Tales from the Dramatists," etc.

Volume VII

Spanish

THE ANGELUS UNIVERSITY
LOS ANGELES, CALIFORNIA

Charles Morris y el volumen dedicado a España de su *Historical Tales* donde incluye la leyenda de la torre encantada de Toledo.

más o menos ampliamente episodios de la historia, aunque sin descartar por completo los elementos fabulosos legados por la tradición cronística y las derivaciones ficticias de esta. Tales elementos aparecen naturalmente en el cuento titulado *The Enchanted Palace (El palacio encantado)*, cuya traducción castellana se ofrece a continuación.

La construcción misma del misterioso palacio por el héroe mítico-legendario griego Heracles/ Hércules y la existencia de un conjuro que defendía su entrada a todo aquel que no fuera el monarca reinante en Toledo, son hechos de cariz sobrenatural tan esenciales a efectos de la constitución narrativa de la leyenda que Morris difícilmente podía prescindir de ellos. Sin embargo, otros sucesos fabulosos tradicionales, tales como la presencia de un gigante de bronce que, a modo de autómata, defendía con su maza la cámara del buscado tesoro o la destrucción del edificio por un fuego mágico, los cuenta como si fueran exageraciones de una imaginación oriental. De esta manera, sin renunciar al atractivo fantástico y literario de esos detalles, los ofrecía a beneficio de inventario, como para que no hicieran dudar demasiado de su compromiso con el realismo histórico y psicológico que la estética literaria predominante en su tiempo había vuelto imprescindible en la narrativa histórica. Así pues, Morris no se recreó en la fantasía, sino que presentó los hechos como si hubieran ocurrido verdaderamente a un ser humano, el rey don Rodrigo en este caso. Para ello, Morris hizo hincapié, sobre todo, en los sentimientos y los móviles del comportamiento de este, y contó su trágico descubrimiento con una gradación narrativa típica de la literatura de su época, con lujo de pormenores, sobre todo en la descripción visual del espacio.

No obstante, la ilusión de realidad así perseguida no va en detrimento de la sugestión, pues las estancias de la torre, tal y como se presentan, guardan todo su misterio, como si fueran las de una mansión llena de fantasmas y misterios, al modo de la ficción llamada decimonónica *gótica*, cuyo nombre es aquí muy apropiado.

Así consiguió Morris que su actitud literaria *realista* y sus ideas positivistas modernas, cuyo tenor se desprende con evidencia de los comentarios del narrador sobre la materia legendaria tratada, se combinaran adecuadamente con el contenido imaginativo y fantástico de la fábula, tal y como los lectores podrán apreciar, o no, en la traducción que sigue.

La edición sobre la que se basa esta traducción es la siguiente: Charles Morris, «The Enchanted Tower», *Historical Tales: The Romance of Reality. Spanish*, vol. VII, Philadelphia, J. B. Lippincot Company, 1899, pp. 17-22.

Morris no se recreó en la fantasía sino que presentó los hechos como si hubieran ocurrido verdaderamente a un ser humano, el rey don Rodrigo en este caso. Para ello hizo hincapié, sobre todo, en los sentimientos.

El palacio encantado

Cerca de la ciudad de Toledo, la capital de España cuando el país era un reino godo, había un gran palacio de tiempos lejanos o, como dicen algunos, una vasta cueva ahondada y ensanchada y dividida en muchas piezas. Otros dicen que era una torre enorme construida por Hércules. Fuera lo que fuese (palacio, torre o caverna), pesaba sobre ella un conjuro que nadie se había atrevido a romper. Había una profecía antigua que afirmaba que España sería invadida con el tiempo por bárbaros de África y, para prevenirlo, un rey sabio que conocía las artes mágicas había colocado un talismán secreto en una de las estancias. Mientras nadie la tocara, el país estaría a salvo de invasiones. Si alguna vez se revelara el secreto del talismán, caería pronta ruina sobre el reino godo. Debía custodiarse con fuerza, pues en él residían los destinos de España.

Una enorme puerta de hierro cerraba la entrada del palacio encantado y en ella cada rey godo, al subir al trono, colocaba un fuerte cerrojo, de manera que enormes candados llegaron a cubrir con el tiempo casi todo su frente y su secreto parecía suficientemente asegurado. Cuando don Rodrigo, el último rey godo, subió al trono, veintisiete de esos candados colgaban de la puerta. En cuanto a las llaves, algunos autores nos dicen que permanecían en los cerrojos, mientras que otros afirman que las habían escondido y perdido, pero lo cierto es que nadie había osado abrir ni una solo de las cerraduras. La prudencia y el temor guardaban el secreto mejor que puertas y candados.

A la larga llegó el tiempo en que el preciado secreto sería revelado. Don Rodrigo, que se había apoderado del trono mediante la violencia, decidió enterarse de lo que se había guardado durante siglos detrás de aquellos cerrojos. Según declaraba, todo ello era una broma de un rey antiguo, que servía para la época en que la superstición reinaba en el mundo, pero que estaba muy pasada de moda para el tiempo en que don Rodrigo vivía. Dos cosas movían al rey revolucionario: la curiosidad, que es el vicio que ha llevado a tantos a la ruina, y la avaricia, que ha destruido a otros tantos más.

—Es un tesoro, no un talismán —se decía a sí mismo—. Oro, plata y joyas se ocultan en sus profundidades mohosas. Mi erario está vacío y estaría loco si dejara que un montón de cerrojos oxidados me impidieran llenarlo con lo que haya en ese vetusto almacén.

Cuando se supo lo que don Rodrigo se proponía, un escalofrío de terror sacudió el país. Nobles y obispos se precipitaron al salón de audiencias e intentaron oponerse al aciago propósito del monarca imprudente. Embargaba su corazón el miedo ante los peligros derivados de entrometerse con el conjuro mágico y le suplicaron que no atrajera el desastre predicho sobre el país.

—Los reyes que gobernaron antes de ti obedecieron religiosamente el mandato —dijeron—.

»Cada uno de ellos colocó su cerrojo en la puerta. Sería sabio y prudente que siguieras su ejemplo. Si es oro y joyas lo que buscas, dinos cuánto crees que guarda la cueva, incluso todo lo que te imagines que vas a encontrar, y te lo daremos. Aunque nos arruinemos, recogeremos esta suma sin falta. Te rogamos y suplicamos, pues, que no quebrantes una costumbre sagrada para todos nuestros reyes antiguos. Bien sabían lo que hacían al ordenar que ninguno que los sucediera intentara revelar el secreto fatal de la cámara escondida.

> **Cuando se supo lo que don Rodrigo se proponía, un escalofrío de terror sacudió el país. Nobles y obispos se precipitaron al salón de audiencias e intentaron oponerse al aciago propósito del monarca imprudente.**

Por muy serio que fuera su ruego, no les sirvió de nada con don Rodrigo. Su oferta de oro no cubría su motivo más profundo, la curiosidad, que en él era más fuerte que la codicia, y se rio en sus barbas de los temores y temblores de sus nobles.

—No se dirá que don Rodrigo, el rey de los godos, tiene miedo al diablo o a sus agentes —declaró en voz alta y ordenó que forzaran los cerrojos.

Una a una, las cerraduras oxidadas fueron cediendo ante llaves o mazos, y las puertas chirriaron con desaprobación al acabar girando a regañadientes sobre sus rígidos goznes, que llevaban siglos sin moverse.

El rey entró de una zancada, seguido por su séquito asustado y curioso a la vez. Las estancias, como afirmaba la tradición, eran muchas y el rey se precipitó de una a otra con rápidos pasos. Buscaba en vano. No apareció oro alguno, ni las joyas brillaron ante su vista. Las estancias eran tétricas y estaban vacías; sus suelos huecos se burlaban de sus pasos con ecos largo tiempo silentes. Solo encontró un tesoro, la mesa enjoyada de Salomón, una famosa obra antigua de arte que había permanecido oculta durante mucho tiempo a miradas humanas. De esta reliquia maravillosa no diremos más aquí, porque tiene su propia historia que contaremos en el futuro.

Así siguió avanzando el decepcionado rey, con nada que satisficiera su avaricia o su curiosidad. Al fin entró en la cámara del conjuro, la estancia mágica cerrada durante tanto tiempo a la vista humana, y miró maravillado el secreto preservado con tanto afán.

Lo que vio era sencillo, pero amenazador. En la pared de la sala había una tosca pintura que representaba un grupo de jinetes extrañamente ataviados, algunos con turbantes, otros con la cabeza descubierta, con mechas de gruesos cabellos sobre sus frentes. Pieles de animales cubrían sus miembros; empuñaban cimitarras y lanzas, y llevaban pendones ondeantes; sus caballos eran pequeños, pero de la sangre más pura.

Al volverse, lleno de duda y de pavor, tras mirar ese enigmático dibujo, el osado intruso vio en el centro del aposento un pedestal que sostenía una urna de mármol, en la que reposaba un rollo de pergamino. En él leyeron sus escribas las palabras siguientes:

«Cuando se viole este refugio y se rompa el conjuro contenido en esta urna, la gente mostrada en la pintura invadirá el país y derribará el trono de sus reyes. El gobierno de los godos terminará y el país entero caerá en manos de los paganos extranjeros».

El rey don Rodrigo miró de nuevo, alarmado, las figuras pintadas. Bien conocía su significado. Los enturbanados eran árabes; sus caballos, los famosos corceles del desierto; los bárbaros de cabeza descubierta eran berberiscos o moros. Ya amenazaban el país desde las costas africanas; había roto el conjuro que los sujetaba. Estaba próxima la

hora en que se cumpliría la profecía.

Lleno de súbito terror, el imprudente allanador se apresuró a salir de la cámara del talismán, con sus cortesanos huyendo a toda prisa hacia el aire libre. Las puertas de bronce se cerraron con un retumbo que sonó lúgubremente a lo largo de las salas vacías y en ellas quedó fijado el cerrojo del rey. Pero era demasiado tarde. Había hablado la voz del destino y había revelado el sino del reino, y todos miraban a don Rodrigo como a alguien condenado.

Hemos ofrecido esta leyenda en su forma más sobria. Algunos escritores árabes la rodean de sucesos mágicos hasta convertirla en un cuento digno de *Las mil y una noches*. Hablan de dos ancianos de barbas blancas que guardaban las llaves de la puerta y que solo abrieron las cerraduras al ordenárselo firmemente don Rodrigo.

Tras retirar los candados, nadie pudo mover las puertas hasta que las tocó la mano del rey, momento en que se abrieron de golpe por sí solas. Dentro había un enorme gigante de bronce con una maza de acero, con la que daba golpes resonantes en el suelo a izquierda y derecha. Cesó al mandárselo el rey y el séquito entró indemne. En la cámara mágica hallaron un cofre de oro que contenía un lienzo de tela entre placas de latón. En él estaban pintadas figuras de árabes con armadura. Al mirarlos, se pusieron en movimiento, se oyeron ruidos de guerra y se sucedieron visiones de una batalla entre guerreros árabes y cristianos ante los ojos espantados de los intrusos. El ejército cristiano fue vencido y don Rodrigo vio su propia imagen huyendo y, por último, su caballo sin jinete. Cuando se precipitó corriendo fuera de la estancia fatal, ya no se veía al gigante de bronce y los ancianos guardianes de la puerta yacían muertos en sus puestos.

Al final, un fuego mágico quemó la torre y las alas de una bandada innumerable de aves dispersaron sus cenizas mismas.

ANTONIO CASADO (In memoriam)

Un bibliotecario casado con la cultura

SANTIAGO SASTRE

Antonio Casado es, por decirlo con un verso muy conocido de Miguel Hernández, «*compañero del alma, compañero*». Lo digo porque con él me unen tres vínculos estrechos: fue compañero de clase en el colegio de Infantes; es compañero de trabajo, ya que los dos trabajamos en la Universidad de Castilla-La Mancha en la sede de Toledo (él como bibliotecario y yo como profesor); y es compañero en la Real Academia de Bellas Artes y Ciencias Históricas de Toledo.

Desde que lo conozco, siempre ha mostrado un interés especial por la historia, que es la materia que estudió en la Universidad y en la que alcanzó el grado de doctor, y en especial por los temas toledanos. También he visto su talento para dibujar y para hacer caricaturas. Poco a poco, ha contribuido notablemente en la vida cultural de Toledo, siendo una persona muy activa y generosa, y también ha ido sumando libros y artículos a su ya extenso currículo. Defensor a ultranza de las bibliotecas, buen conversador, amante de la buena mesa y enamorado hasta las trancas de la historia y sobre todo de la historia de Toledo. Recientemente ha ingresado como consejero de número en la Sociedad Toledana de Estudios Heráldicos y Genealógicos con un discurso sobre la figura de santa Catalina de Alejandría en el escudo de la antigua universidad de Toledo y su presencia en otras instituciones educativas.

—*¿Cuál es el primer recuerdo importante de tu infancia?*

—Tal vez cuando mi abuelo materno me enseñó a leer, en su casona de la calle de las Bulas, como había hecho antes con mi madre. Yo tendría unos tres o cuatro años, porque cuando fui al parvulario ya llegué «leído y escribido».

—*De todos los pecados, ¿cuál te merece mayor indulgencia?*

—Cualquiera cometido con buena intención, aunque sean esas de las que se dice que empiedran el camino al infierno.

—*¿Qué flor es tu predilecta?*

—Soy poco de plantas. Tal vez la margarita, sencilla y bella, que además es el nombre de mi señora madre.

—*¿En qué consiste el éxito de un hombre?*

—Uy, eso algo muy relativo. Muchas veces se tiene éxito por casualidad, por moda o por saber vender bien una moto. Debería triunfarse por los méritos propios, pero es evidente que no siempre es así.

—*¿Qué es para ti el tiempo?*

> **Nadie es buen opinador sobre sí mismo, y más para resumir una vida en una línea o dos. Para que me recuerden quedará lo que deje atrás, más que una frase grabada sobre una lápida.**

—Bueno, podría decir que es algo que se disfruta con el paso de los años, cuando, paradójicamente, cada vez notamos que nos pasa más deprisa y cuando cada vez nos queda menos en el cómputo global.

—*¿Qué animal prefieres?*

—Conviví en algunos momentos de mi vida con una perra y varios gatos. Ambos son de grata compañía, aunque de elegir ahora un animal, creo que optaría por un perro. Los gatos son más independientes y egoístas, son fieles sólo a sí mismos. Creo que es cierta la frase de que «tú puedes tener un perro, pero el gato te tiene a ti».

—*¿Qué es la elegancia?*

—Digamos que el refinamiento, el gusto, el estilo, la galanura. Hay quien nace con ella, otras personas tienen que educarse en ella y lo consiguen, y las hay que carecen totalmente de ella. De una u otra forma es una virtud que debería verse más.

—*¿Qué epitafio escribirías sobre tu propia tumba?*

—Difícil. Nadie es buen opinador sobre sí mismo, y más para resumir una vida en una línea o dos. Tal vez pidiese una oración. Porque para que me recuerden quedará lo que deje atrás, más que una frase grabada sobre una lápida.

—*¿Qué te gustaría ser si no fueras ni editor ni escritor?*

—No me considero editor (aunque haya ejercido de editor literario o coordinador en algunas publicaciones) ni tampoco escritor, porque considero que para que alguien se denomine así ha de poder vivir de escribir. Muchos escribimos puntualmente (no literatura en mi caso, pero sí, de vez en cuando, ensayo) pero no comemos de nuestros escritos, así que no creo que debamos incluirnos en dicha categoría, más que, como mucho, en calidad de meros aficionados. Más que escritor o editor, si has de adjudicarme alguna etiqueta, serían las de bibliotecario e historiador, por ser mi profesión, desde hace más de treinta años, y mi formación académica.

—¿*Qué figura de todos los tiempos es tu preferida?*

—Otra pregunta complicada. Tengo especial querencia por Felipe II, que ha sido siempre minusvalorado bajo la inmensa figura de su padre el César Carlos, y sobre el que pesa la losa de una injusta leyenda negra. Pese a ello, fue un gran humanista y una persona cultísima, se rodeó de los mejores asesores del Renacimiento, se encargó de reformar la administración, intentó sacar adelante una compleja unión de reinos (los que heredó y los que consiguió por sí mismo, aña-

diendo Portugal, la tierra de su madre, con su vasto imperio ultramarino), y tuvo más moral que el Alcoyano para reinar, y hacerlo bien, sobre un pueblo tan difícil como somos los españolitos.

—¿*Qué libros tratarías de salvar si se incendiase tu biblioteca?*

—¡Uy! Pues tal vez los que sepa que son irrecuperables por ser ediciones locales, de corta tirada y agotadísimos. Y los que tengan un especial valor sentimental. Los que sé que existen en formato digital o que se siguen editando en papel y por ello son

> **Tengo especial querencia por la música de la Movida, tal vez porque era lo que sonaba cuando los que nacimos en los sesenta éramos jóvenes, pero también porque integró un magnífico movimiento sociocultural.**

---

reemplazables, me preocuparían menos.

—Si de pronto supieras que te quedaba una hora de vida, ¿qué harías en esos sesenta minutos?

—¡Caramba! Intentaría pasarla con mis seres queridos y despedirme en paz.

—¿Qué platos son tus preferidos dentro y fuera de España?

—De la gastronomía nacional citemos las cuatro patas del banco: paella, jamón, tortilla española y cocido. De la cocina internacional, pues también hay muchas delicias, bacalao portugués en cualquier variedad, cazuelas francesas, pastas italianas...

—¿Qué música prefieres?

—Tengo especial querencia por la música de la Movida, tal vez porque era lo que sonaba cuando los que nacimos en los sesenta éramos jóvenes, pero también

porque integró un magnífico movimiento sociocultural. Si me apuras, también me gusta la llamada música ligera que sonaba una década antes. Lo que se oye ahora en disco-bares y festivales me parece puro ruido y macarradas impresentables, salvo contadas excepciones.

—¿Qué deporte prefieres?

—Levantamiento de vidrio en barra fija.

—¿A quién de tus contemporáneos levantarías un monumento?

—No soy muy partidario de poner monumentos a contemporáneos vivos o fallecidos recientemente porque es algo que se suele hacer pasional e irreflexivamente, lo que a la larga puede ser contraproducente. Creo que es mejor que los monumentos se erijan con algo de tiempo transcurrido, para que las cabezas estén frías y se pueda decidir más cabalmente y con consenso.

—¿Cuál es la mujer de la historia universal que más admiras?

—Isabel la Católica, por motivos obvios.

—¿Qué fenómeno de la naturaleza te causa mayor impresión?

—Cuando hay Tormenta (de las que se escriben con mayúscula) y la mar se revela impetuosa, haciéndonos ver que somos más pe-

queños y frágiles de lo que habitualmente creemos.

—*¿Qué te espanta más en la vida?*

—La ignorancia de muchos, y la perfidia de los que manipulan a los ignorantes.

—*¿Eres supersticioso?*

—Creo que no. Cruzaré los dedos.

—*¿Cuál es la ciudad del mundo que más te impresiona?*

—De las que conozco, Roma y París. Pero mi Toledo natal me sigue impresionando cada día, y sigo descubriendo en ella cosas nuevas, de vez en cuando.

—*¿Cuál es tu color favorito?*

El celeste, que es color del inmenso y bello cielo que nos cubre, y también de los estudios de Letras, Artes y Humanidades.

—*¿Cuál es tu película favorita?*

—Hay varias clásicas estadounidenses que me encantan y no me canso de ver: *Casablanca, Lo que el viento se llevó, Ciudadano*

—¿Qué te espanta más en la vida? —La ignorancia de muchos y la perfidia de los que manipulan a los ignorantes.

Kane y *El hombre tranquilo*. La última da al espectador una tremenda alegría de vivir. O así me lo parece a mí.

—*¿Si el diablo le propusiese el pacto de Fausto, ¿qué haría?*

—¿Pero qué iba a querer de mí el diablo?

—*¿En qué consiste la felicidad humana?*

—No en tener mucho, sino en saber disfrutar de lo que se tiene, en grata satisfacción y en buena compañía.

—*Si te tuvieras que disfrazar, ¿cuál sería el disfraz de tu gusto?*

—Me he disfrazado siempre que he podido. Guardo grato recuerdo del muy glamuroso baile de Carnaval, que se celebró en San Marcos en sus últimas convocatorias y que fue tumbado por personas fanatizadas ideológicamente que lo atacaron como algo burgués, decadente y ultracon-

Guardo grato recuerdo del muy glamuroso baile de Carnaval que se celebró en San Marcos en sus últimas convocatorias y que fue tumbado por personas fanatizadas.

servador. Ojalá algún edil con más entendimiento lo recuperase. De las iniciativas privadas también he de mencionar los *happenings* temáticos del Círculo de Arte, a los que acudo siempre que puedo.

—*¿Cuál ha sido el libro extranjero que más te ha impresionado?*

—Te diré tres: la *Biblia*, la *Odisea* y las *Mil y una noches*.

—*Si tuvieras que defender a un personaje famoso en el Juicio Universal, ¿cuál sería tu elegido?*

—Tal vez a Judas Iscariote, que lleva veinte siglos siendo puesto a caer de un burro por muchas personas que creen en el plan divino de la redención pero que no se percatan de que, en dicho plan, tenía que hacer lo que hizo porque era necesario para dar cumplimiento a algo mayor.

—*¿Qué es lo que te inspira mayor curiosidad en el momento presente?*

—El saber, por un lado, el límite de la inmensa capacidad de aguante del pueblo español, y por otro, hasta donde llegará la capacidad de tomarle el pelo por parte de muchos sujetos que en otros países no estarían ocupando los cargos que ocupan. Y lo digo pensando en ejemplos de ambos lados del espectro político, que aquí no se libra nadie.

Me aburre ver cómo la historia se repite, muchas veces, por la incapacidad de las sociedades y, sobre todo, de quienes las lideran, de aprender de los errores del pasado. Intento ser optimista, aunque viendo lo que nos rodea, cada vez me cuesta más trabajo.

—*¿Qué es lo que más te aburre?*

—Ver cómo la historia se repite, muchas veces, por la incapacidad de las sociedades y, sobre todo, de quienes las lideran, de aprender de los errores del pasado.

—*¿Cuál es el tópico que más te fastidia?*

—Hay unos cuantos. El de que todos los españoles sabemos bailar flamenco, el de que todos los toledanos somos secos, altivos y poco amistosos. O el de que todos los bibliotecarios tenemos mucho tiempo libre y nos dedicamos a leer libros en el puesto de trabajo.

—*¿Eres optimista o pesimista?*

—Intento ser optimista, aunque viendo lo que nos rodea, cada vez me cuesta más trabajo.

—*¿En qué siglo te hubiera gustado vivir?*

—Pues no sé qué decirte. El XVI por el Humanismo Renacentista y el XVIII por ser el Siglo de las Luces, pero ambos tuvieron sus sombras, y no pequeñas: graves enfermedades, guerras, pobreza... Creo que me gustaría visitarlos, pero no vivir en ellos.

—*Si te pudieras transformar en una obra de arte, ¿qué te gustaría ser?*

—Pues no sé ¡vaya pregunta! Tal vez en una obra literaria, que son disfrutadas por muchas personas a lo largo del tiempo.

—*¿Qué mandamiento añadirías al Decálogo?*

—Goza de la vida y deja a tu prójimo que también lo haga.

—*¿Cuál de las Bellas Artes prefieres?*

—La pintura, con perdón de mis amigos arquitectos, escultores y músicos.

—*¿Quiénes son tus héroes preferidos en la literatura universal?*

—Ulises, Don Quijote, El Cid, D'Artagnan, Holmes...

—*¿Qué cuadro intentarías salvar si se incendiase el Museo del Prado?*

—¿Seguimos con los incendios? Así, sobre la marcha, podría citar *El jardín de las delicias* de El Bosco, *La Anunciación* de El Greco, *El triunfo de Baco*, de Velázquez... Hay tantísimas obras maestras en el Prado que no me es posible elegir. No haré la gracieta de decir lo de «la que esté más cerca de la puerta».

—*¿Cuál crees que es el invento más decisivo en la evolución humana?*

—La agricultura y la ganadería, que nos convirtió en sedentarios, dejando de ser cazadores y recolectores nómadas y permitió el nacimiento de las ciudades y el comienzo de la historia y la civilización. Y la rueda. Un amigo mío tal vez dijera que la cama, a la que ha dedicado una reciente novela.

—*¿Cuáles son los poetas que más te conmueven?*

—Manrique, Garcilaso, Lope, Quevedo... del siglo XX, Hernández o Lorca.

—*¿Qué distingue para ti a los españoles del resto de los europeos?*

—La capacidad que tenemos de enfrentarnos a la adversidad sacando lo mejor de nosotros mismos, que creo que no se da en otros países europeos. Y, de lo malo, la inmensa endofobia que también tenemos, y que tampoco se da en el resto de Europa.

—*¿Cuál es el instrumento musical que más te llega a lo íntimo?*

—No hay instrumentos que me lleguen *per se*, en todo caso me llega una melodía bella y bien interpretada, independientemente de que lo sea por un piano o un clavicordio, por una guitarra o una mandolina, por un violín o una viola.

—*¿Qué número tiene para ti virtudes de talismán?*

—No creo en talismanes. Ni en horóscopos, ni en el infinito conjunto de supercherías que nos rodea. Reiki, chakras, constelaciones familiares, homeopatía, antroposofía... Creo que son inmensas sandeces.

—*¿Cuál ha sido la figura más nefasta de la historia del mundo?*

—Tal vez un tal Vladimiro Ulíanov, de cuya actividad vino la de otros inmensos nefastos como José Dzhugashvili, Mao o Pol Pot. De los nuestros, Fernando VII el felón.

—*De tener que escoger un oficio manual, ¿cuál sería?*

—Para ejercerlo yo, me costaría decir uno, dada mi conocida incapacidad para las tareas manuales. Pero si me preguntas que lo escoja para destacarlo o preservarlo, entonces te diré que el de damasquinador. Que quedan cada vez menos, y es una pena.

—¿Qué piensas de la pintura abstracta?

—Que, como en todas las Artes, la hay buena, regular y mala.

—¿Cómo definirías el miedo?

—Como la angustia que sufrimos ante algo que nos puede pasar, o no, pero que tememos que nos suceda. Miedo, el nombre de uno de los dos satélites que orbitan a Marte, el planeta del dios de la guerra. El otro compañero es el Terror. En griego, Fobos y Deimos, respectivamente. El miedo es una emoción muy humana, que no debemos evitar, sino saber enfrentarnos a ella.

—¿Tu actor preferido?

—¡Uy! Hay tantos, y tan buenos, de antaño y de hogaño... De los clásicos internacionales, tal vez Cary Grant. Y de los nuestros, tal vez Fernán-Gómez. Pero me cuesta elegir, y no creo que sea justo decir escoger uno.

—¿Cuál es para ti el monumento del mundo más perfecto?

—Tal vez el Panteón de Roma.

Mi sueño dorado de ámbito local, que alguna vez el Tajo baje limpio y caudaloso, como antes de que nos lo emporcasen con vertidos industriales desde el corredor del Henares y antes de que nos lo dejasen casi seco con el trasvase al Segura.

Por su espléndido diseño arquitectónico e ingenieril, por su magnífica conservación y por su destino original, consagrado a todas las divinidades.

—*¿Cuál es el rasgo general de tu carácter?*

—Eso deberíais decirlo quienes me tratáis.

—*¿Cuál es tu árbol preferido?*

—Todo aquel buen árbol al que uno se arrima y buena sombra le cobija.

—*¿Cuál es tu sueño dorado?*

—De los de ámbito local, que alguna vez el Tajo baje limpio y caudaloso, como antes de que nos lo emporcasen con vertidos industriales desde el corredor del Henares, y antes de que nos lo dejasen casi seco con el trasvase al Segura y el segundo trasvase al Guadiana (mal llamado «la tubería manchega») del que nadie habla.

—*¿Cuál es tu leyenda toledana preferida?*

—La de la noche toledana, ambientada en Montichel, o la del beso, en San Pedro Mártir.

—*Un rincón de Toledo.*

—De los públicos, la antigua Real Fábrica de Armas. De los privados, el cigarral del Santo Ángel Custodio. En ambos casos junto al río, en un marco paisajístico bellísimo y combinado con un entorno patrimonial de campanillas.

—*El dato de la historia de Toledo que más te llame la atención.*

—No sé si el que más, pero uno de los que me llaman la atención es el hecho del traslado definitivo de la Corte de Toledo a Madrid en la primavera de 1561, lo que nos causó una decadencia socioeconómica y política, aunque no, como muchos opinan, de manera inmediata, sino que tardó bastante en llegar. Pero cuando finalmente llegó, sumió a nuestros paisanos en un cierto resentimiento que aún creo que arrastramos casi cinco siglos después, mirando por encima del hombro a los madrileños.

—*Si tuvieras que elegir un monumento de Toledo ¿con cuál te quedarías?*

—Con la Catedral, que es una joya que engloba a otras muchas.

—*¿Qué es lo que no te gusta de Toledo?*

—El pasotismo de muchos de nuestros paisanos, que no se suelen mojar por nada y a los que todo les da lo mismo, y la absoluta negatividad de otros, que se quejan absolutamente de todo y absolutamente todo les parece mal. Incluso se quejan de una cosa y de su contraria, sin la más mínima reflexión, sólo por protestar.

—*¿Cómo es el Toledo que imaginas?*

—Una ciudad que sepa conservar su pasado sin anclarse en él y sabiendo mirar hacia el futuro. Una ciudad limpia (porque realmente lo esté, no a base de comprar «escobas de oro»), con arbolado abundante y con un río en el que podamos de nuevo bañarnos. Una ciudad universitaria de verdad, que no haya sido privada de su desarrollo académico por intereses ajenos. Una ciudad cuyos habitantes sepan hacer crítica constructiva que aporte al bien común. Una ciudad en la que quienes den el paso hacia la cosa pública lo hagan por vocación de servicio, no para convertirla en su único oficio y aprovecharse de ello. Una ciudad con un urbanismo integrador, no desparramado y caótico. No creo que lo vea jamás, pero fantaseo con ello.

—*De todos los libros que has editado, ¿de cuál te sientes especialmente orgulloso por alguna circunstancia particular?*

—Pues, por ejemplo, la publicación conmemorativa del cincuentenario del campus universitario toledano, que se me encargó en 2019 desde el Vicerrectorado del Campus de Toledo, junto a dos exposiciones, una bi-

Una ciudad que sepa conservar su pasado sin anclarse en él y sabiendo mirar hacia el futuro. Una ciudad limpia (porque realmente lo esté, no a base de comprar «escobas de oro»), con arbolado abundante y con un río en el que podamos de nuevo bañarnos.

bliográfica y otra fotográfica. Las instituciones tienen que saber de dónde vienen para saber a dónde van, y el respeto al pasado, a sus hechos, sus símbolos y al protocolo que los acompaña no debe obviarse, aunque lamentablemente no sea así en muchas ocasiones. Agradezco que quienes tenían entonces el poder de decidir supiesen ver la importancia de reconocer la labor de quienes estuvieron antes que ellos y a quienes debemos lo que hoy somos.

—*Tengo curiosidad por saber qué te llevó a escribir un libro sobre la mesa del rey Salomón. ¿Cuál sería tu principal aportación sobre este tema?*

—Pues me animé a ello porque era un tema muy toledano sobre el que había mucho desconoci-

La Mesa de Salomón fue un objeto litúrgico y una joya artística, aunque para muchos trascendiese más allá convirtiéndose en símbolo de misterios arcanos, conocimientos ocultos y poderes sobrenaturales.

miento y se decían (y se siguen diciendo) muchas tonterías. En mi libro quise dejar claro que existió el objeto físico, a partir de las numerosas fuentes documentales que hablan de él a lo largo de los siglos, pero que no debe continuarse hablando de un objeto mágico, o no al menos en un texto serio. Otra cosa es que muchas personas creían y siguen creyendo en la magia, los talismanes y en supersticiones diversas, allá cada cual. La Mesa de Salomón fue un objeto litúrgico y una joya artística, aunque para muchos trascendiese más allá convirtiéndose en símbolo de misterios arcanos, conocimientos ocultos y poderes sobrenaturales, independientemente de que los mismos existan o no.

—*¿Crees que en Toledo se valora de forma especial la cultura?*

—Creo que sí, porque es una ciudad con una enorme oferta cultural que no existiría si no se valorase y hubiese demanda. Además, en gran parte está creada y realizada *gratis et amore* por el tejido asociativo sociocultural de la ciudad, pese a que haya algunos gurúes que la desprecien, y un gran número de políticos que se aprovechan de esa cultura de bases, voluntariosa y apa-

sionada, para no gastarse un euro y pretender que todo se haga sin pagar, sólo con una palmadita en la espalda ¿Cambiará este concepto de cara a la Capitalidad Europea de la Cultura, aceptando que hay que invertir dinero, y no poco? Debería. Ya veremos en qué queda la cosa.

—*¿Recuerdas tu último sueño?*

—Pues no, se me suelen olvidar más que rápido.

—*¿Qué es para ti una biblioteca?*

—Una colección de libros y recursos documentales debidamente organizada para su uso y atendida por personal profesional, al servicio de la ciudadanía. Una habitación con libros no es una biblioteca. Y un conjunto de lotes de libros atendidos por aficionados a su buen saber y entender, tampoco ¿Alguien iría a un centro de salud atendido por aficionados? ¿O pediría los planos de la casa donde ha de vivir a un aficionado? ¿Por qué entonces hay tanta gente que considera que el trabajo bibliotecario puede realizarse por cualquiera carente de conocimientos técnicos?

—*¿Cuál es tu posición sobre la reciente polémica sobre el AVE?*

—Mi posición es pública. Desde el principio consideré que debía traerse la nueva vía férrea desde Extremadura y Portugal por el centro de Toledo, aprovechando la actual estación, que debe seguir siendo la única. El hacer una segunda estación en la periferia es un dislate, justificado únicamente por intereses urbanísticos y que acabaría provocando más pronto que tarde el cierre de esa joya patrimonial que es la estación actual. Aparte, también justifica su mantenimiento el hecho de su centralidad, y de que su uso nos conviene al poderse acudir a ella en trayectos cortos e incluso peatonales, lo que evita atascos, pérdidas de tiempo y sobrecargas de CO_2 por saturación de las carreteras para ir y venir a la inútil e innecesaria estación periférica que algunos pretenden. En este asunto me ha tocado lidiar contra el parecer de representantes de notables instituciones y entidades que se han posicionado en contra, haciéndose pasar por ilustres defensores del paisaje, como si un puente o un viaducto bien hecho no fuese una aportación al paisaje cultural, como lo son otras infraestructuras como torres, puertas y murallas ¿No forma parte del paisaje de Segovia su acueducto romano, del paisaje de Guadalupe el viaducto ferroviario de las Villuercas, del paisaje de Man-

¿Es que no hay ingenieros y arquitectos capaces de diseñar para el ferrocarril una estructura bella que enriquezca el paisaje cultural de nuestra ciudad?

hattan el puente de Brooklyn, del paisaje de Ronda el puente sobre el Guadalevín o del paisaje de la bahía de Cádiz el puente de la Pepa? ¿Es que no hay ingenieros y arquitectos capaces de diseñar para el ferrocarril una estructura bella que enriquezca el paisaje cultural de nuestra ciudad? ¿Por qué hay que oponerse a ello antes de que haya siquiera un anteproyecto? No hay que tener miedo al futuro ni a un proyecto bueno del que podamos presumir orgullosamente el día de mañana, dijo hace poco nuestro exalcalde y antiguo presidente de la Real Fundación, don Juan Ignacio de Mesa, y estoy totalmente de acuerdo con él. Entre los políticos manipuladores y quienes les tocan las palmas están haciendo un daño gravísimo a Toledo. Allá ellos con sus conciencias.

—¿Hay alguna anécdota curiosa en relación con los retratos de la colección Borbón-Lorenzana, que fue el tema sobre el que versó tu tesis doctoral?

—Bueno, una curiosidad es que al poco de empezar a pintar el artista (que era el toledano Dionisio Antonio de Santiago Palomares) la colección de retratos de intelectuales y eruditos que le habían encargado para ornar las paredes de la Biblioteca Pública Arzobispal, recibió el encargo de incorporar a la misma el retrato de su propio padre, don Francisco de Santiago Palomares, porque el cardenal Lorenzana consideró que era uno de aquellos sabios que merecían estar en ella. Así que en 1774 el hijo retrató orgulloso al padre, que tenía 73 años por aquella época. Da la casualidad de que otro de los hijos, Francisco Javier, le había retratado también veinticuatro años antes —un dibujo sobre papel que fue a parar a la Biblioteca Nacional—, así que de este intelectual toledano conservamos dos retratos obra de dos de sus hijos, uno de antes de cumplir los cincuenta y otro habiendo pasado ya los setenta. Hoy nadie se acuerda de don Francisco Palomares, pero, entre otros méritos, fue el conseguidor de que la Real Fábrica de Armas se instalase en nuestra ciudad y no en otras con más poder político, ya que hizo un informe a favor de la candidatura de Toledo que fue definitivo.

La noche en que Bécquer se perdió entre los fantasmas de Toledo

Durante su estancia en Toledo, hacia 1857, Gustavo Adolfo Bécquer trabajaba como dibujante en la Comisión de Monumentos Históricos y Artísticos, recorriendo iglesias, conventos y calles antiguas para hacer bocetos. Una noche, según contaría después a sus amigos, decidió salir a pasear por el laberinto de callejones toledanos y acabó completamente perdido en la oscuridad.

La ciudad estaba desierta, apenas iluminada por lámparas de aceite. Bécquer, que tenía una gran imaginación, empezó a oír pasos que parecían seguirle, y juró ver figuras con capucha que se deslizaban por las esquinas. Finalmente, se refugió en el portal de una vieja casa con la sensación de estar rodeado por un Toledo donde lo real y lo sobrenatural se confunden. Al día siguiente descubrió que había llegado junto al convento que luego elegiría como uno de los escenarios de su famosa leyenda *El beso*.

Bécquer solía bromear diciendo que Toledo era una ciudad donde «*los muertos aún tienen algo que decir*». Y en cierto modo, esa noche en que se perdió entre sus sombras, quizá fue el origen de algunas de las páginas más misteriosas y bellas de la literatura romántica española.

En la soledad de la iglesia de San Andrés

FRANCISCO JAVIER FERNÁNDEZ GAMERO

Esta historia tuvo lugar hace unos años, ya no se si pocos o muchos. Entonces había dejado atrás la juventud e iniciaba mis primeros pasos por la edad adulta.

Todo tuvo lugar en Toledo, en una de las iglesias más hermosas y desconocidas de la ciudad: la iglesia de san Andrés Apóstol, situada en pleno centro del Casco Histórico, junto al Seminario Metropolitano de la diócesis y cerca del callejón de los Muertos, un espacio que había conseguido cierto renombre a partir de relatos de brujas y de viejos acontecimientos del pasado.

Yo estaba iniciando mi Programa Fin de Máster, eso que antes se conocía como Tesis Doctoral.

Había dudado mucho en el tema a elegir. Sabía que este proyecto me obligaría a dedicar horas, muchas horas, durante un largo periodo de tiempo. Tenía que elegir entre la comodidad del cotidiano trabajo en las clases del Instituto y llenar la vida con lecturas, viajes y otros placeres de la vida o renunciar a gran parte del tiempo y, sin olvidar mi trabajo, dedicar muchas horas a mi proyecto.

Toda mi vida había transcurrido en mi ciudad natal, con un breve periodo en Madrid obligado para terminar mi licenciatura en la Universidad Complutense, pero la gran urbe no había conseguido atraerme, pese a la importancia y variedad de su vida cultural, con museos, conciertos, etc. Esas prisas que parecen contagiar a todos los que recorren sus calles también me había contagiado a mí en ocasiones y eso no me gustaba nada. ¡Odio las prisas sin un motivo real! Me gusta pasear sin prisas, dejándome llevar por las calles, los museos, los jardines, etc, pero en Madrid las prisas consiguen meterte en su rueda, en su ritmo continuo y desbordante. Daba igual pasear por el Retiro, recorrer los viejos puestos de libros de la cuesta Moyano o tomarte un café o una cerveza. ¡Siempre aparecían las prisas! Yo soy de vivir el tiempo dejándolo resbalar con parsimonia, con lentitud. A otros esto les parecería horrible, pero los humanos tenemos siempre opiniones divergentes y variadas. Respeto la opinión de los demás, pero no me gusta meterme en ese mundo de prisas constantes.

También viví lo opuesto: residir en un pueblo pequeño, muy pequeño, donde las actividades cotidianas podían ser ver pasar un rebaño de ovejas y cabras por sus calles entre balidos o el ruido del altavoz de esos mercaderes ambulantes que recorren y abastecen a las gentes de esa España vaciada que tantas veces está en la boca de muchos, pero sin llegar a tomar medidas concretas nunca. Así vendían el pan, el pescado, la fruta, la carne... Los mundos en este país pueden ser muy cambiantes, opuestos, totalmente divergentes.

Mi trabajo de investigación iba a tratar sobre la historia de la iglesia de san Andrés, de sus abundantes elementos de toda época que, arrancando de la época romana, pasaban por el mundo visigodo, el periodo islámico, el estilo mudéjar, sus obras renacentistas o las correspondientes a la época Barroca. Sus muros eran todo un reflejo de la historia de la ciudad y del país, con columnas y algún capitel romano, pilastras y capiteles visigodos, inscripciones islámicas, obras de estilo mudéjar, renacentista o barroco, todo en una amalgama hermosa y variada.

En la iglesia destacaban los tres retablos gótico-renacentistas de la cabecera, en especial el maravilloso retablo central, debido a las trazas de Juan de Borgoña y concluido por Antonio de Comontes en el estilo renacentista de la primera mitad del siglo XVI.

La parroquia era antigua, muy antigua. Algunos autores opinaban que podía ser una antigua

Mi trabajo de investigación iba a tratar sobre la historia de la iglesia de san Andrés, de sus abundantes elementos de toda época. Sus muros eran todo un reflejo de la historia de la ciudad y del país.

mezquita que tras la reconquista de la ciudad por Alfonso VI en el 1085 se transformó en iglesia cristiana latina, pero un incendio en el siglo XII obligó a una profunda reforma en estilo mudéjar, el estilo compartido por otros muchos templos de la ciudad. Todavía, en la primera mitad del siglo XVI, sufrió una profunda reforma, añadiéndose la cabecera con el nombre de Capilla de la Epifanía y en el siglo XVII se colocaron las robustas columnas monolíticas de granito de los Montes de Toledo.

La base de la torre mostraba en algunos de sus lados una obra de clara raigambre islámica, con los muros del aparejo toledano o mampostería encintada de piedra, regularizada por hiladas de ladrillo, posible obra de los siglos IX a XI, con un cajeado regular de entre veinticinco o treinta centímetros por hilada.

La iglesia contaba, y cuenta aún, con tres naves, formando una planta basilical, con techumbre de madera a dos aguas, la nave central con mayor altura y anchura, un testero plano y la

Durante el paseo no paré de hacer fotografías a los espacios generales, pero también a los mil detalles que se me ofrecían ante mis ojos.

---

cabecera añadida a principios del siglo XVI. Esta obra fue financiada por el Señor de Layos, don Francisco de Rojas, embajador de los Reyes Católicos en la corte imperial de los Habsburgo (donde concertó el doble matrimonio de Doña Juana con Felipe el Hermoso y el infante don Juan con Margarita de Habsburgo). También fue embajador en la corte papal, colaborando activamente a los intereses de los reyes de Castilla y Aragón.

Los primeros pasos de mi investigación se centraron en reunir la bibliografía sobre la citada iglesia, su arquitectura, sus fases, sus retablos, las piezas arqueológicas que allí se atesoraban. Vamos, el trabajo prometía ser largo, pero gratificante.

Yo ya conocía la iglesia con anterioridad, pero a medida que avanzaba en su estudio, me cautivaba aún más. ¡Qué hermosu-

ra de edificio, de retablos, de columnas, de pilastras...!

Me puse en contacto con el párroco para efectuar una visita detallada al objetivo de mi tesis en uno o, como pensaba mejor, en varios días, pues la tarea que tenía que afrontar era ingente. Tras su aprobación quedamos en un día determinado, por la mañana, cuando un feligrés me abriría la iglesia, pues el párroco no podía estar presente. No era posible establecer el tiempo necesario para realizar el estudio propuesto y cuántas horas o días serían necesarias para mi labor.

Mi primera visita científica a la iglesia tuvo lugar en un soleado día de primavera en el que la luz entraba por las ventanas iluminando magníficamente el interior. Comencé por recorrer sus naves despacio, primero por las naves laterales, después por la cabecera y, finalmente, por su testero. Ya durante este paseo no paré de hacer fotografías a los espacios generales, pero también a los mil detalles que se me ofrecían ante mis ojos.

Luego comencé a recorrer la iglesia sin prisas, tomando notas y fotografías para mi trabajo de investigación. Inicié mi recorrido por la base de la torre, donde se encontraba la puerta de ac-

Enrique II, con el que tuvo grandes controversias por la preminencia: el rey defendía el papel primordial de la monarquía y el arzobispo defendía los derechos de la Iglesia. La historia acabó con el asesinato del arzobispo dentro de su catedral y la excomunión del rey inglés. El arzobispo mártir muy pronto fue canonizado y su culto se difundió por Europa con gran rapidez. ¡Acaso esta pintura era reflejo de esa historia! Delante de la pintura, sobre un altar neomudéjar moderno se encontraba una imagen de la Virgen de la Alegría.

Siguiendo el muro del Evangelio se encontraba un altar dedicado al santo Niño de las Guardia, martirizado según la tradición por unos judíos durante el reinado de los Reyes Católicos. A principios del siglo XX fue retirado de su ubicación y tras él apareció un maravilloso sepulcro mudéjar. En la parte alta presentaba una cinta con decoración de mocárabes y restos de policromía en tonos rojo y azul, con una cinta con una inscripción: *Miserere mei Deus, secundum magam misericordiam tuam*. La inscripción presentaba dudas en alguna parte de su lectura.

ceso a su interior. A continuación, se hallaba una de las puertas de acceso al templo, la principal, precedida por unos escalones de granito. Ya en el interior, un arco de herradura apuntado de ladrillo cobijaba una pintura mural que representaba a un obispo con su báculo. ¿A quién podría corresponder esa imagen? Una intuición trajo a mi cabeza la figura de un obispo santificado ya en época medieval: el arzobispo de Canterbury Tomás Becket, canciller del rey inglés

En las dovelas y en el intradós del arco aparecían representados motivos vegetales de racimos y hojas de parra. El arcosolio estaba decorado con yeserías que aún conservaban algo de su antigua policromía. En su centro se encontraba una inscripción en caracteres góticos y la yesería mostraba unos espacios planos que presentaban tres figuras humanas planas muy desvaídas. La inscripción recogía el siguiente texto: MILES FAMOSO ALFONSUS P/RUDENS GENEROSUS MORIBU/S ORNAT(us) LARGUS VI/TAQ(ue) DECENTE PROBATUS NESC/IUS ILLUDA VEZITI DULCEDI/RIE LUDICUI LUX ETERNA TRI/BUAT NR PAX Q(ue) SUPERNA HIC I/ACET XX DIAS ANDAD/OS DE OCTUBRE ERA DE / MIL CCC E XL III ANNOS.

Bueno, las condiciones de luz tampoco permitían una lectura muy segura, pese a que utilicé la linterna del móvil para resolver las dudas que me planteaba el texto. La fecha, según la Era Hispánica sería el 1343 y restando 38 años se adataría a la cronología cristiana, el 1305 de nuestra Era. En el hallazgo de hacía más de un siglo había aparecido un cuerpo humano con restos de una cota de malla que confirmaba que era un guerrero.

A la izquierda del arcosolio aparecía un cipo islámico que hacía referencia al enterramiento de un personaje llamado Muhammad ibn abd-Allah ibn Imrán, falleci-

do en el año 391 de la Hégira, correspondiente al año 1001 de la Era cristiana.

Delante del arcosolio, sobre el altar, se encontraba una imagen de madera del Cristo resucitado que procesiona en la parroquia en la noche del Sábado Santo para encontrarse con la figura de María en las estrechas y misteriosas calles del barrio.

Pasando el crucero con sus techumbres de mocárabes, se llega ante dos sepulcros situados bajo arcosolios con arcos conopiales con cardinas; los frentes del sepulcro son renacentistas y están decorados con laureas: las urnas de mármol reflejan el escudo con las armas de los Rojas y Escobar. Uno de ellos presenta la siguiente inscripción: ALFONSUS HIC IACEO MECUM CONIUM MARINA EST FILIUS HOC CLAUSIT LAPIDE FRANCISCUS. Corresponderían a los padres del fundador de la cabecera, el embajador de los Reyes Católicos. Ante los sepulcros se encuentra una escultura exenta del santo titular de la iglesia en madera estofada y policromada, con el santo crucificado en una cruz en aspa, pero sin clavos, con brazos y piernas sujetos con cintas rojas, posible obra del siglo XVII.

A continuación, aparece un retablo de dos pisos y tres calles con una decoración renacentista *a candelieri*. En la calle central aparecen un santo obispo rodeado de monjes y, sobre él, la aparición de la Virgen a san Bernardo; a la izquierda, en dos escenas, aparecen san Jerónimo con el león y sobre él una santa; al otro lado, santa Catalina con la espada y sobre ella san Miguel luchando con el dragón. Su autoría parece corresponder a Antonio de Comontes, sobre trazas de Juan de Borgoña, obra de la primera mitad del siglo XVI.

El retablo mayor es impresionante, con siete calles y cuatro pisos, también obra de Antonio de Comontes y Juan de Borgoña. La calle central presenta a la Virgen María y el Niño en la Adoración de los Reyes y, sobre ella, una Crucifixión en el Gólgota.

En la parte alta una cruz con un pelícano sobre ella y la calavera de Adán, representación del pecado de la humanidad redimido por el sacrificio de Cristo. A los lados, apoyos y doseletes que, acaso, se pensaron para las figuras de María y san Juan a los pies de la cruz.

En el lateral, retablo de tres calles y dos cuerpos de la misma autoría. La calle central presenta en el piso inferior la entrega de la casulla a san Ildefonso por

El retablo mayor es impresionante, con siete calles y cuatro pisos, obra de Antonio de Comontes y Juan de Borgoña.

la Virgen María y sobre ella san Francisco recibiendo las llagas; en el lateral izquierdo una santa pisando un dragón y arriba San Cristóbal; en el lado derecho, una santa con un cáliz en el nivel inferior y san Eustaquio en el superior. Todo el retablo obra de Antonio de Comontes, sobre trazas de Juan de Borgoña.

Los dos sepulcros son parecidos a los del lado del Evangelio. Aquí se conserva una imagen de la Virgen del Carmen en madera policromada, con corona y cetro de plata, obra del siglo XVII.

La sacristía es una sala rectangular con una techumbre de madera de par y nudillo con tirantas. Una cajonera de madera de tres cuerpos, el central mayor, con tres cajones y los laterales con cajón y armario, obra de los siglos XVI-XVII. Dos cálices de plata del siglo XIX y un relicario de plata con frontón triangular con reliquia de san Andrés, obra del siglo XVII y una talla en madera del santo Niño de La Guardia con cruz y cesta de concha, con vestido granate y encaje blanco en puños y cuello.

Cuando quise darme cuenta, había transcurrido toda la mañana y necesitaba más tiempo para terminar mi labor. Necesitaba más fotografías de altares, columnas, capiteles, pilastras, etc.

Al día siguiente, el feligrés me volvió a abrir las puertas de la iglesia por la tarde, me comunicó que no podría quedarse conmigo, pero que cerraría las puertas de la iglesia para que nadie interrumpiese mi trabajo, lo había consultado con el párroco y estaba de acuerdo.

El feligrés se despidió para marchar a las ocupaciones y allí quedé yo encerrado en la soledad de la iglesia. La tarde todavía presentaba una luz dorada intensa, pero al llegar, las nubes amenazaban tormenta. Poco a poco, la luz fue declinando, pero con las luces artificiales la iglesia tenía la iluminación suficiente para mi trabajo fotográfico. Lentamente, la tarde fue oscureciendo su luz natural y pronto un trueno retumbó en el cielo. ¡La tormenta se preparaba sobre Toledo!

Las naves presentaban arcos de herradura rebajados apeados sobre columnas monolíticas de granito, sobre basa y pedestal y, también, sobre columnas de ladrillo.

Fui completando mi documentación gráfica y mis notas. Un trueno más fuerte que el anterior retumbó en el cielo, con su eco en el silencio de la iglesia. La tormenta se desarrollaba sobre la ciudad. Así, mi sentimiento de soledad fue en aumento y noté una sensación extraña en el ambiente.

Otro trueno restalló en el silencio y la luz de la iglesia se apagó, dejándome a expensas de la débil luz de la linterna de mi móvil. ¡Estaba encerrado y no podía salir de la iglesia hasta que viniesen a sacarme de mi reclusión, pero aún quedaban al menos un par de horas!

Estaba rodeado por la soledad y el silencio. En el exterior se oía el fuerte chaparrón que descargaba sobre la ciudad y gruesos goterones golpeaban los cristales de las ventanas con fuer-

Otro trueno restalló en el silencio y la luz de la iglesia, se apagó dejándome a expensas de la leve luz de la linterna de mi móvil. ¡Estaba encerrado y no podría salir hasta que viniesen a sacarme de mi reclusión!

za. El sonido de la lluvia era el único sonido que rompía el silencio, además de algún trueno que aún resonaba en el cielo. En el exterior de la iglesia la lluvia seguro que había provocado arroyos que descendían por las calles de fuerte pendiente con gran velocidad.

En el silencio de mi encierro creí escuchar un sonido como de una madera moviéndose. ¡No sabía qué podía ser! ¿Habría algún gato rondando por el interior de la iglesia? También podía ser alguna paloma de las numerosas que había por todo el casco viejo de la ciudad.

Lentamente los sonidos fueron aumentando y con ellos mi inquietud. Poco a poco, a la izquierda del altar mayor creí distinguir una tenue luz muy débil. Estaba un poco asustado, encerrado en la iglesia en esta tarde de tormenta, sin luz, ¿qué me quedaría por ver?

En ese instante fue cuando mi trabajo de investigación sobre la iglesia pasó a un segundo plano y fui consciente de que iba a ser testigo de un acontecimiento especial.

A la izquierda del altar mayor estaba ocurriendo algo, pero no tenía ni idea de lo que podía ser. Tampoco me podía mover mucho por el interior de la iglesia sin tropezar con los bancos en la impenetrable oscuridad.

Una tenue luz de un cirio pareció brillar en la cabecera de la iglesia, pero eso debía ser algo imposible si estaba yo solo en la iglesia. Sentí cómo el vello de mis brazos se erizaba de terror y me quedé sentado en un banco sin capacidad para moverme. ¡Algo estaba ocurriendo a mi alrededor y no sabía qué podía ser!

Alguien se estaba moviendo por la cabecera de la iglesia, pero ¡estaba yo solo en el interior! En mi soledad asistí a un espectáculo que me sorprendió y, también, me horrorizó. Sentí que el miedo me penetraba hasta lo más profundo de mi ser.

Una de las momias de la cripta había salido y estaba empezando a avanzar sosteniendo un delgado cirio encendido en la mano. Me recordaba cuando, años atrás,

Alguien se estaba moviendo por la cabecera de la iglesia, pero ¡estaba yo solo en el interior! En mi soledad asistí a un espectáculo que me sorprendió y, también, me horrorizó.

bajamos a la cripta para descubrir varias docenas de momias apiladas en su zona más pro-funda. Tras ella, formando dos hileras, el resto de las momias estaban iniciando una procesión fantasmal por el interior del recinto de la parroquia con las cuencas de los ojos vacías, hundidas. ¡No tenía esca-patoria posible y tenía que resistir allí ocurriese lo que ocurriese!

La insólita y lúgubre procesión desfilaba hacia una de las naves laterales en dirección a los pies del edificio. El silencio era aterrador, solo roto por algún trueno que resonaba en el exterior y se hacía eco dentro de mi encierro.

Me quedé paralizado en mi banco mientras la extraordinaria y lúgubre procesión rodeaba el altar y se dirigía hacia una de las naves laterales. ¡Si ya impresionaban las momias en la cripta, la impresión de verlas en movimiento era aún mayor! Parecían musitar algo, pero en el mayor de los silencios.

Ante las imágenes religiosas, la extraña procesión parecía detenerse y musitar una oración totalmente silenciosa para mis oídos.

En la oscuridad total de la iglesia solo refulgían los cirios que

La lúgubre procesión pasó a mi lado en el más absoluto de los silencios y volvieron a la cabecera de la iglesia, desapareciendo de nuevo en la capilla lateral que daba acceso a la cripta.

---

llevaban en las manos, dando una luz pobre y que oscilaba con el movimiento.

Pronto avanzaron por la nave lateral, llegaron a los pies del edificio y dieron la vuelta por la otra nave. La procesión no era una doble fila de cuerpos reducidos al esqueleto, sino que eran momias con su cuerpo y vestiduras acartonadas, sus rostros sin expresión. Sus facciones eran aterradoras y el silencio dentro del edificio parecía pesado como una masa enorme de piedra.

Al dar la vuelta pasaron junto a mí, que estaba horrorizado, paralizado en mi banco. Mi cuerpo parecía haber perdido el calor corporal y la sensación de frío era muy intensa. Parecía que toda mi sangre se había evaporado, mi vello estaba erizado por el terror y la sensación en la garganta era de una enorme sequedad. Solo mi pulso parecía estar descontrolado.

La lúgubre procesión pasó a mi lado en el más absoluto de los silencios y volvieron a la cabece-ra de la iglesia, desapareciendo de nuevo en la capilla lateral que daba acceso a la cripta.

Volví a escuchar el sonido de la madera al cerrarse y el tiempo pareció haberse detenido. No sabría decir si pasaron segundos o minutos, pero algo después se restableció la luz artificial y la iglesia volvió a estar iluminada.

¡Había sido mudo testigo de un acontecimiento totalmente extraordinario! Jamás había oído hablar de la procesión de las momias de san Andrés, sí las había conocido en la parte baja de la cripta, pero esto había sido algo excepcional.

En un rato oí ruido en la puerta. El feligrés había vuelto a rescatarme de mi encierro. Al ver la expresión de mi cara me preguntó si me pasaba algo. Mi rostro estaba pálido, casi cadavérico y mis manos temblaban sin que pudiese controlar ese movimiento.

Me costó pronunciar las primeras palabras. No sabía si hablar de la situación insólita que había vivido. ¿Me tomaría por loco?

Cuando pude articular palabras, le dije que estaba bien, aunque mi apariencia parecía decir todo lo contrario. Nos marchamos apagando las luces y cerrando la puerta de la iglesia.

Yo, ya en el exterior, me fui recuperando de la profunda impresión que había sufrido. Las gotas de lluvia que volvían a caer nos animó a marchar cada uno a nuestra casa y me permitió esquivar preguntas difíciles sobre lo que me había pasado.

Cuando llegué a mi casa, bebí agua como pude, pues notaba la garganta seca y estropajosa y, con lentitud, mi pulso se fue normalizando. ¡Todavía temblaba por el insólito espectáculo que había conocido!

Me fui a la cama y pronto un profundo sueño cayó sobre mí. Pero yo todavía estaba agitado y me desperté muchísimas veces muy intranquilo. Cuando desperté, supe que había soñado muchas cosas, pero era totalmente incapaz de recordar nada.

La luz del nuevo día me despertó y recordé la escena que había vivido en el interior de la iglesia, pero dudaba entre su realidad o solo el fruto de algún sueño. Miré mis manos y me sorprendió ver en ellas marcas de cera, ¿Cómo había ocurrido todo?

Ya sabía yo que Toledo es una ciudad sorprendente donde todo puede ocurrir; es una ciudad repleta de misterios, pero esto había sido mucho más de lo que hubiera podido esperar.

Me debatía entre comentar a alguien la experiencia vivida o callar como si nunca hubiese ocurrido. Si contaba mi experiencia, ¿alguien me iba a creer?

Ahora, mucho tiempo después de lo ocurrido, me he animado a poner por escrito esa experiencia que me tocó vivir. ¡Todavía se me eriza el vello del cuerpo al recordarlo! Sé que para algunos será una invención, pero otros, esos que buscan aspectos mistéricos en la ciudad, disfrutarán con la historia.

Los hechos pasaron así y yo no lo puedo negar. ¡Estaba solo en el interior de la iglesia, encerrado, en una tarde de tormenta!

Si pensaba que todo había sido un sueño, ¿qué significaban las marcas de cera que tenían mis manos?

Lector, si piensas que todo fue un sueño, no discutiré tu opinión, pero yo sí estaba allí y sé lo que viví, lo que sentí, lo que vieron mis ojos.

El marqués que quiso llevarse la catedral de Toledo a Madrid

Joaquín Vizcaíno y Martínez, marqués viudo de Pontejos por su matrimonio con Mariana de Pontejos y Sandoval, IV marquesa de Casa Pontejos, ha pasado a la historia como uno de los alcaldes más reformistas y activos de Madrid, a pesar de que apenas se mantuvo dos años en el cargo, entre 1834 y 1836.

Fueron tantos los proyectos que promovió y realizó, y se hizo tan popular entre los madrileños, que éstos tendían a exagerar, atribuyéndole algunos planes verdaderamente fuera de razón. Uno de ellos, que alcanzó tales ecos que muchos lo tomaron por cierto, fue el de desmontar la catedral de Toledo, piedra a piedra, para volver a reconstruirla en el centro de Madrid, ya que la capital de España carecía de un templo a la altura de su importancia política y administrativa.

En realidad, lo que Madrid siempre pretendió, desde que allí fue fijada la Corte en el siglo XVI, fue convertirse también en la sede primada de la Iglesia, arrebatandole este título a Toledo. Y aunque nunca lo consiguió y ni siquiera tuvo arzobispado hasta 1885, lo cierto es que siempre existió una tensión latente a este respecto.

La actividad frenética de Pontejos por engrandecer su ciudad, dio pie a la leyenda urbana del supuesto plan para arrebatarle a Toledo su catedral materialmente, cuando en realidad lo que se pretendía era desposeerla de su título de primada, lo que ya era bastante.

José Luis Arellano: el artista que dejaba el alma en cada paisaje

PACO MAESO

Si hay un pintor que ha dejado huella en el mapa de mi infancia, ese es José Luis Arellano.

Sin duda, su personalidad transcendía a sus excelentes acuarelas y destacaba por ser un gran conversador cuando él lo creía oportuno, que no era siempre.

Recuerdo que tenía la máxima de no abrir la boca en la mesa si no era para comer o beber lo que se ofreciese. *"Es momento de comer y beber. No se habla —decía— ¡Es una cuestión de educación!*

Había algo en él que infundía un profundo respeto y no era su aspecto. Tiraba a alto, con unos ojos extremadamente expresivos y un gran bigote. Casi siempre le acompañaba un tercio de cerveza Carlsberg en una mano y un cigarrillo Habanos en la otra.

Quizás intuías que en un improvisado duelo dialectico, las posibilidades de salir victorioso eran muy reducidas, por no decir nulas.

Ser un gran lector y admirador de Rudyard Kipling (Premio Nobel de Literatura, 1907) le ayudó a sobrevivir en una sociedad de la que se sentía cada vez más distanciado. Su trabajo en el Bibliobús, con el que recorría los pueblos de la provincia, también le servía de motivación para seguir adelante.

Nadie sabrá ya nunca con certeza los verdaderos motivos que le llevaron a quedarse a las puertas de la licenciatura de Arquitectura por la Universidad Complutense de Madrid en su último curso. En cualquier caso, este hecho le marcó profundamente y, desde entonces, dejó de ser el mismo.

Respecto a su arte, no hacía ningún tipo de concesiones, ni le interesaban lo más mínino los tímidos movimientos artísticos de una ciudad cautiva dentro de sus

Cuatro calles

propias murallas y de su pasado. Fue admirador del maestro Guerrero Malagón.

Mi buen amigo y admirado articulista Valentín Velasco fue testigo privilegiado de sus mejores años. Desde su trabajo como coordinador general de cultura de la Fundación CCM, tuvo la oportunidad de tratar con todo tipo de personalidades.

Rememora los momentos felices, según me cuenta, en el bar Sherry, lugar de encuentro y de culto para la progresía y la intelectualidad de los años 80, donde Arellano era protagonista.

Allí, al lado del artista, abrazándose, apoyados en la ventanita del local en el callejón de la Sillería, se encontraba una preciosa muchacha de la que José Luis se enamoró perdidamente y a la que unió su fatal destino. Era Pepa Porres y ella lo recuerda con cariño infinito en cada palabra y en cada pausa al referirse a lo vivido juntos. Y también como una buena persona, como

un hombre culto y con una inteligencia por encima de la media.

Pepa, que también sirvió de musa a Romero Carrión alguna vez, resultó ser el gran amor de Arellano. Para entender la forma de ser del pintor, evoca una mañana cualquiera en la que habían madrugado para captar la luz del amanecer frente a la fachada principal de la catedral. A la media hora de comenzar, apareció una furgoneta de reparto y aparcó justo en mitad de la escena. El artista, lejos de ofuscarse, continuó su obra y, por supues-

Había madrugado para captar la luz del amanecer frente a la fachada principal de la catedral. Una furgoneta de reparto aparcó en mitad de la escena. El artista continuó su obra y la furgoneta quedó reflejada en la acuarela.

to, la furgoneta quedó reflejada en la acuarela. ¿No es genial?

Definir la forma de ser y estar de José Luis Arellano Peces es, en mi opinión, vivir el momento imperfecto, fugaz, eterno y en movimiento en el que todo o nada está conectado a la realidad.

Su estilo más definido fue la acuarela impresionista. La pincelada, pretendidamente brusca, construye el cuadro como si de ladrillos se tratase. Los trazos quedan visibles y predomina el color en la composición.

El acuarelista Arellano bebe de Monet y de Renoir, de estos pintores que en 1869 expusieron La Grenouillere y fueron incomprendidos. El Salón los rechazó pero, a cambio, influyeron para siempre en los artistas posteriores.

El pulso de Arellano se vuelve firme para dejarse el alma en cada paisaje, en cada balcón o en cada tejado de su amada Zocodover, en cada calle empedrada de su Toledo.

Nunca olvidaré la petición que me hizo una tarde cuando me dirigía a trabajar a la taberna El Gallo siendo adolescente:

«Paquito, dile a tu profesor de griego de Infantes que te traduzca "vanidad de vanidades y solo vanidad". Es lo primero que quiero leer al despertar cada mañana». Aquellas palabras del *Eclesiastés* me han acompañado siempre.

Juan Correa de Vivar

GABRIEL MORA DEL POZO

INTRODUCCIÓN
(Por Jesús Muñoz)

Hace décadas los españoles sentían un complejo de inferioridad con respecto a los europeos y, en cierta medida, parecía justificado por la decadencia secular que sufrió el país a partir del siglo XVII y que se culminó, a finales del XIX, con la pérdida de la última colonia de ultramar. También por el aislacionismo internacional a la que nos vimos abocados por las democracias occidentales durante la dictadura de Franco y la ruina social y económica que conllevó la guerra fratricida. Esa etapa concluyó, por cierto, con la pérdida de otro territorio patrio, el Sáhara, de la que se cumplen ahora cincuenta años.

Pero no entiendo por qué, remontada toda esta penuria, seguimos siendo tan provincianos y por qué nuestras autoridades prefieren fotografiarse con lumbreras venidas de lejanas tierras y no ensalzar lo propio. Ojo, no hablo de nacionalismo, o sí, porque (el) ser toledano no implica despreciar lo ajeno sino únicamente mostrar respeto por lo propio, valorarlo y mostrarlo al mundo con orgullo.

En un pasado ya lejano, algunos regidores con buen gusto tuvieron el acierto de dedicar algunas calles a ilustres toledanos, pero sus sucesores no se ocuparon de explicar a sus conciudadanos quiénes fueron ni se preocuparon de seguir la tradición, de manera que aquellas calles con nombre de autor se han convertido en autores con nombre de calle, ¿o no es así? ¿Qué toledano común sabe quién era Abdón de Paz, Francisco Navarro Ledesma y Núñez de Arce, por ejemplo?

En anteriores legislaturas, las autoridades se comprometieron a dedicar calles a toledanos ilustres, pero ese deber lo han incumplido. Los dirigentes actuales tampoco dan muestra de toledanía seria y parecen más dispuestos a formar un book de fotos (como se dice ahora) para que puedan lucirlo en el futuro. No, hay deportistas toledanos que merecen calles en Toledo y hay escritores, artistas, etcétera que también lo merecen. Es justo que recordemos su memoria y es por ello que, en lo sucesivo, vamos a iniciar esta sección en Cuatro Calles con la colaboración de Gabriel Mora.

En Mascaraque poseía una gran casa y tierras a las que volvía para descansar de sus viajes y trabajos, principalmente de Toledo, de donde siempre fue vecino.

D esde el año 2003, algunos de los más ilustres toledanos de otros siglos, naturales o de adopción, tienen puesto su nombre para denominar algunas de nuestras calles como agradecimiento por su trabajo y actuaciones en nuestra ciudad.

JUAN CORREA DE VIVAR, Pintor. (Nombre asignado para la Urbanización La Legua.

Siglo XVI.

No se sabe la fecha exacta de su nacimiento pero sí que tuvo lugar en el cercano pueblo Mascaraque hacia 1510. Sí conocemos, en cambio, la fecha de su muerte, el 16 de abril de 1566. Se sabe también que sus padres disfrutaban de una posición acomodada por los múltiples bienes propiedad del artista, ya que en Mascaraque poseía una gran casa y tierras a las que volvía para descansar de sus viajes y trabajos, principalmente de Toledo, de donde siempre fue vecino.

Fue hombre religioso, tal como puede leerse en su testamento, del que hay una copia en el archivo parroquial del pueblo. Dejó como única heredera de sus bienes a su ama, es decir, que estos serían empleados para obras de caridad y misas para la fundación de una capellanía que perpetuó en la misma iglesia, ya que no contrajo matrimonio, según publicó la investigadora Esperanza Pedraza.

Correa estuvo siempre muy bien considerado, llegando a de-

Tránsito de la Virgen,
de Correa de Vivar.
Museo del Prado.

cir de él el padre José de Sigüenza, cronista de El Escorial, que era «*de los buenos, lo mejor de su tiempo*». En siglos posteriores, su arte no decayó en la estima de los tratadistas, aunque su biografía quedó en el olvido.

Se conoce por algún documento que se formó en el taller de Juan de Borgoña, el más importante maestro asentado en Toledo durante las primeras décadas del siglo XVI. En el taller, nuestro joven aprendiz, de no más de 18 años, convivió con otros artistas, con alguno de los cuales mantendría vínculos duraderos. Vivió en la zona de San Miguel el Alto.

En los últimos años de su vida dispuso que quería ser enterrado en Mascaraque, cómo así se hizo.

A su muerte se hizo almoneda de sus bienes y acudieron amigos, discípulos y compañeros de profesión adjudicándose todos sus dibujos, trazas y apuntes, incluso hasta «*un papel con rasguños*», lo que dice muy a las claras el aprecio que su obra tenía ya en vida, y que alguno, quizá, reprodujo en retablos y cuadros.

La forma de pintar de Correa está influida por la de Rafael. De él tomó su colorido y sus figuras delicadas y suaves, aunque con el paso del tiempo, su manera de pintar fue evolucionando hasta alcanzar unas formas más dinámicas propias del llamado Manierismo, especialmente en lo referente a la manera de provocar en las figuras un movimiento violento. Su obra conservada más importante se halla en la iglesia de Almonacid de Zorita (a la que él consideraba la mejor) y en la de Mondéjar, destruida en la Guerra Civil, obra, por cierto, realizada en colaboración con el arquitecto torrijeño Alonso de Covarrubias.

Otras obras suyas son el retablo de san Roque, en Almorox, y el de la colegiata de Torrijos, cuyas doce tablas pueden estar realizadas con ayuda de alumnos de su taller.

De sus primeros años son también la tabla del nacimiento del monasterio de Guadalupe y el retablo con idéntico tema que hizo para Guisando, hoy repartido entre el Prado y el museo de Santa Cruz de Toledo. Alguna de sus obras, como *Pilatos lavándose las manos* o el *Ecce Homo* resultan de lo más logrado de su producción. Para la iglesia del Tránsito de Toledo recibió el encargo de una tabla con el tema del Tránsito de la Virgen, en donde aparece representado el donante de la pintura.

De los años cuarenta son los retablos de Dosbarrios, salvado en parte, y el de Herrera del Duque, en el mismo mal estado que el anterior. La gran cantidad de encargos de estos años hace que en muchas ocasiones deba echar mano de sus ayudantes y discípulos. Otras obras son las que se guardan en la parroquia del Salvador de Toledo o la de la *Pasión* en las Jerónimas de san Pablo, también en esta ciudad.

Veinte curiosidades de sopetón sobre la catedral y una petición inesperada (parte 1)

SANTIAGO SASTRE

Curiosidades sobre la catedral habrá millones. La pregunta sería por qué he elegido estas que expongo aquí bajo este título nerudiano. Pues bien, con motivo de la escritura de mi próxima novela negra protagonizada por el detective Augusto Alpesto (que será la quinta de la serie), en la que desempeña un papel muy importante la catedral de Toledo, he leído algunos libros y artículos para documentarme. Como acostumbro, la novela no es el desarrollo de un puro argumento, sino que también incorporo datos, informaciones y curiosidades que pueden ser útiles y divertir al lector.

Ahora he entresacado algunos de esos datos que aparecerán diseminados en la novela y tienen que ver con la catedral. Ya se sabe cómo es nuestra historia toledana, que mezcla el suelo fir me de los datos históricos con las arenas movedizas de las leyendas. Por eso se hace necesaria una visión que no se limite a reproducirla, sino que sea crítica a la hora de analizar esos datos. Los traigo ahora aquí de forma resumida y enumerada, desde mi visión, tan personal y provocadora a veces. Tan robusta es la catedral como mi catedral, que empezó a formar parte de mí cuando era pequeño, porque vivía cerca de ella, y, sobre todo, cuando fui monaguillo por estudiar en el colegio Nuestra Señora de los Infantes. Se suele afirmar (es una frase que se atribuye al conde de Buffon) que el estilo es el hombre. Con esto se quiere decir que la principal novedad o elemento creativo es sobre todo el estilo, en el que se refleja la personalidad del autor. Así pues, cada uno escribe como es.

1.- Un franciscano guerrero

Ya sabemos que la figura del cardenal Cisneros es muy relevante. Fue un fraile franciscano, confesor de la reina Isabel la Católica (a él se debe el embrión de la Custodia, pues ordenó comprar la custodia pequeña de la reina Isabel, que se enmarcaría después en la Custodia), regente de España por dos veces (cuando murió Felipe el Hermoso a la espera del regreso de Fernando el Católico y cuando murió este a la espera de la llegada del futuro Carlos V) y cardenal de Toledo. Cisneros fue un personaje controvertido, pues pasó seis años en la cárcel por enfrentarse al arzobispo de Toledo Alonso Carrillo y después, por su especial celo a la hora de evangelizar, provocó una rebelión morisca en Granada y las Alpujarras.

Sobre esto último quiero insistir. Cuando hablamos de alguien franciscano pensamos en el célebre lema «Paz y Bien», que inspira pacifismo. Sin embargo, Cisneros encaja dentro del modelo de los cardenales guerreros. La capilla mozárabe de la catedral fue una idea suya, pues allí estuvo una pequeña capilla llamada del Corpus Christi y la sala capitular (de ella permanece parte de la sillería original de madera

y el techo estrellado). En la capilla mozárabe vemos pinturas en las que aparece Cisneros al frente de los soldados con el ánimo de llevar la fe cristiana al norte de África, en este caso a Orán, como figura en un cuadro de Juan de Borgoña. Esta expedición, además, fue financiada por él.

¿No parece un oxímoron la expresión franciscano guerrero? Un oxímoron es la unión de dos elementos contradictorios, como hacía fray Juan de la Cruz en su cántico espiritual al aludir a la música callada y la soledad sonora. Un exceso de celo evangelizador puede llevar a implantar la fe por las buenas y por las malas y eso es peligroso. Existe la tentación del mal (a la que se alude en el padrenuestro), pero también la del bien, que es la de imponerlo a los demás porque así se piensa que se les hace un favor. Y ya se sabe que las religiones se proponen, no se imponen, pero eran otros tiempos...

Cisneros hizo tres cosas relevantes para la salvación del rito mozárabe, que se encontraba en una situación de decadencia: promovió la edición de los libros litúrgicos mozárabes, fundó la capilla mozárabe dedicada al culto y creó un cabildo mozárabe integrado por trece capellanes bajo el patronazgo del cabildo primado.

En la capilla mozárabe, a la entrada, está enterrado un toledano que escribió una importante historia de Toledo: el capellán mozárabe Francisco de Pisa, autor de la *Descripción de la Imperial Ciudad de Toledo*. Además, la reja que separa el coro es obra del toledano Julio Pascual. Por último, un cisnero es un lugar donde hay cisnes. Cisneros creó la universidad de Alcalá, cuyo nombre romano era *Complutum*. De ahí derivaría más tarde la Universidad Complutense. Por eso en el escudo de la Universidad Complutense figura un... cisne.

La capilla mozárabe no está incluida en la visita a la catedral, ignoro por qué razón; solo cabe entrar en horario de misa. Si lo estuviera, tal vez ayudaría a dar a conocer el significado de la liturgia mozárabe.

2.- La isla del Tesoro

Donde está la sala del tesoro antes estuvo la sacristía de la capilla de los Reyes Nuevos y después una capilla llamada de san Juan Bautista y también *Quo Vadis*. Encima de la entrada plateresca de la capilla hay un medallón con san Juan y más arriba un detalle escultórico sobre el *Quo Vadis*.

En relación con esta expresión latina, todos nos acordamos de la película *Quo Vadis* de Mervyn Leroy de 1951 protagonizada por Robert Taylor y Deborah Kerr, en la que salía un maravilloso Peter Ustinov que bordaba el papel de Nerón.

La idea de *Quo Vadis* tiene que ver con una leyenda evangélica:

Pedro huye de Jerusalén por miedo, para salvar su pellejo, y se cruza con Jesucristo que va cargado con la cruz camino de Jerusalén, como si no le importara ser crucificado por segunda vez. Por eso Pedro le pregunta: «Señor, ¿dónde vas?». Después de esta lección, Pedro decide regresar. Y le esperará, sí o sí, el martirio. En su martirio pidió que lo clavaran en la cruz bocabajo, porque no se consideraba digno de morir de la misma forma que Jesucristo.

Personalmente no me gusta que en la catedral haya una sala del Tesoro (a modo de isla del tesoro a lo Stevenson), por la percepción del lujo, oro y riqueza que tiene esa expresión. Sin duda, fue una buena idea dejar allí solo la Custodia y repartir las otras joyas en otras estancias, salas y capillas. Pero ya se sabe lo que dice aquella canción de misa tan popular: «Tú eres mi gran tesoro». El tesoro es un Tú y no algo material. Donde está tu tesoro, está tu corazón. Por eso yo cambiaría el nombre de la sala del Tesoro por la de Corpus Christi (así es como se llama la capilla mozárabe en realidad) y la adornaría con elementos y referencias sobre el Corpus toledano.

3.- La piedra de repuesto y el abrazo

Es sabido que la tradición cuenta que el 18 de diciembre de 665, fiesta de la Expectación del parto, descendió la Virgen María a la basílica visigoda (construida por Recaredo en 587) para imponer a san Ildefonso una prenda (que terminó por ser casulla) por defender la virginidad de María (antes, durante y después del parto), que en aquella época era cuestionada por algunos herejes, como Helvidio y Pelagio.

En ese descenso, la Virgen puso sus pies en una piedra que se muestra en la capilla de la Descensión. Quería comentar dos cosas. La primera es que en el Ochavo se conserva otro trozo de esa piedra, de modo que hay repuesto. Y la segunda es que cuando bajó, la Virgen hizo algo más: abrazar una imagen de la propia Virgen que existía en esa basílica. Posiblemente fuese una pintura, no una escultura exenta, porque este género no solía ser cultivado por visigodos y mozárabes. El arte se ha centrado en resaltar el aspecto de la imposición de la casulla, que es el tema central de la catedral, pues aparece representado en muchísimos lugares. Pero, sin embar-

go, apenas hay rastro de ese abrazo a la imagen de la Virgen, como si este hecho hubiera sido dejado de lado. Quizá era algo peligroso en el sentido de que supondría revalorizar una imagen de la Virgen frente a otras y también podría acarrear cierta idolatría. El caso es que sobre este abrazo apenas hay un reflejo en el arte. Ha ganado por goleada la casulla al abrazo.

Aquí en Toledo hay una piedra que le serviría a un pequeño fraile (por ser bajito Teresa de Jesús lo llamaba medio fraile) a alcanzar la libertad. Me refiero a la piedra que sirvió a Juan de la Cruz para salir del jardín del convento de las concepcionistas al que había caído en un primer momento cuando se escapó de la prisión, de la celda en la que pasó tantas penurias en el convento de los carmelitas calzados Nuestra Señora del Carmen, ubicado en el paseo del Carmen, más abajo del Museo Santa Cruz, donde antes se celebraba el mercadillo del martes.

4.- La mezquita y el cadí moderado.

Todo parece apuntar que cuando entraron los musulmanes en Toledo, en los inicios de la ocupación, compartieron con los cristianos la catedral de santa María, como solían hacer en las ciudades que tomaban. Tiempo después la mezquita mayor de Toledo se ampliaría a costa de la iglesia contigua.

Cuando Alfonso VI conquistó Toledo, acordó que se conservara el culto islámico en la mezquita mayor, pero aprovechando que estaba de viaje entraron en ella la reina Constanza y el arzobispo Bernardo de Sédirac (el primer arzobispo después de la Reconquista), al mando de las tropas cristianas; expulsaron a los musulmanes; colocaron un altar; celebraron misa en rito romano y dedicaron la mezquita al culto católico.

No se destruyó la mezquita, sino que durante un tiempo convivieron ambas edificaciones: se levantaba una, mientras se desmantelaba la otra. La pregunta es: ¿por qué se conserva en la catedral tan poco de la antigua mezquita, en la que se mantuvo la fe islámica durante varios siglos, nada menos que 374 años? No hubiera estado mal haber conservado más de la mezquita. Solo quedan unas columnas en la capilla del Sagrado Corazón, unos fustes en la parte exterior del coro y unos arcos entrecruzados en el triforio de la capilla mayor y en el de la girola, pero nada más, para de contar. Salvando esto, la grandiosa mezquita fue, plisplás, borrada de un plumazo. Como cuando se aprieta le botón «supr» del teclado del ordenador.

Cuando el monarca se enteró de la consagración de la mezquita al culto cristiano regresó con un enorme enfado y con ganas de venganza (aunque no era un militar al que le gustase la violencia, pues solía emplear la diplomacia y las tácticas milita-

res no cruentas), pues se había incumplido sin su permiso uno de sus pactos. Y aquí aparece la figura del cadí mediador (al que se le pone el nombre de Abu Salid), que se ofrece para salir al encuentro del rey para interceder ante él, para decirle que la comunidad musulmana acepta con resignación este hecho y que usará otra mezquita como mezquita mayor. ¡Qué hermosa esta figura del cadí, realizando esta labor de justicia a través de la mediación! De ahí que aparezca su figura en el lateral derecho de la capilla mayor de la catedral en reconocimiento a su misión. Alguien de otra religión, que a veces se presenta interesadamente como extremista, nos da un ejemplo de tolerancia.

Desde luego que todo parece indicar que se trata de una leyenda para asumir el trágala de una política de hechos consumados.

5.- Reloj no marques las horas

La catedral tiene un curioso reloj en la Puerta del Reloj con una sola manecilla, que solo marca las horas. ¿Por qué no tiene un mecanismo con unos muñequitos que den las horas y los cuartos y que atraiga las miradas de la gente? ¿Por qué no hacer un reloj elegante y especial con más protagonismo? Teniendo aquí a un Juanelo Turriano, que ya hizo el autómata de Hombre de Palo, pegaría que hubiera alguno, ¿verdad?

Pues lo hubo. Había unas figuritas en la parte interior de la puerta del reloj que golpeaban unas campanas, haciéndolas sonar en las horas y los cuartos. Pero alguna autoridad eclesial decidió silenciar a estos muñecos, que quedaron parados como Lot, porque hacían mucho ruido, molestaban y distraían a la gente en las ceremonias religiosas. ¡Es una pena que no tengamos un reloj con muñequitos, que saquen belleza y arte del paso inexorable del tiempo!

También la catedral contó con la llamada torre del reloj que no tenía reloj, pero sí unas campanas. Su manera de silenciarla fue más expeditiva, pues fue derribada en 1898. Cada vez que vamos al teatro de Rojas la vemos pintada en el telón del teatro, en la que figura una antigua compañía de farsantes en Toledo, un telón pintado por los escenógrafos Bussato, Bonardi y Valls. La catedral ha tenido mala suerte con el tiempo: con el reloj y con la torre del reloj. Pero es verdad que la religión intenta dar respuestas más allá de las estrecheces espaciotemporales del tiempo.

6.- Un dedo que pretende señalar al cielo

La catedral de Toledo no tenía ninguna reliquia de san Ildefonso para incorporarla al Ochavo y esto era... especialmente doloroso. Por eso se envió a un canónigo a Zamora, donde estaban sus restos, pero se equivocó y trajo un trozo del cráneo de Atilano.

Sería un canónigo de Zamora, Francisco de Sartaguda (natural de Estella), el que trajera un hueso del pulgar derecho de san Ildefonso a lomos de una mula, acompañado de dos niños cantores, hasta Toledo. Aquí recibió el nombramiento de canónigo como premio.

¿Era el dedo de san Ildefonso? Entre los que dieron fe de que así era se encontraba el propio ladrón de la reliquia (por tanto, un claro ejemplo de juez y parte) y otras personas cuyo testimonio, basado en la metodología del ojo de buen cubero, podría ser dudoso. Ya se sabe que en aquella época circulaban muchísimas reliquias y era complicado garantizar su autenticidad.

Como respuesta a las reclamaciones de Toledo sobre las reliquias de san Ildefonso se creó en Zamora la cofradía de Caballeros Cubicularios de san Ildefonso y san Atilano para defender sus restos, darles culto y sobre todo custodiarlos ¡hasta con su muerte!, para evitar que salgan de la ciudad.

No sé si un dedo, que se ha obtenido vulnerando el séptimo mandamiento, sirve para señalar al cielo. Ahí lo vemos en la sacristía de la catedral. Ya sabemos que a finales de la Edad Media se produjeron numerosos robos, saqueos, falsificaciones y un mercado negro de reliquias (se conservan 60 dedos de san Juan Bautista, 50 clavos de la cruz de Cristo, 500 monedas con las que Judas vendió a Cristo...). No solo guardaban relación con la devoción, sino que eran signos de riqueza y poder.

7.-Una mano acusadora en el *Expolio*

El cuadro *El expolio* del Greco presenta muchas notas origina-

les. Es un cuadro en el que Cristo, con un amplio manto de color rojo que simboliza el martirio, es despojado de sus vestiduras para ser crucificado. No es casualidad que esté ubicado en la sacristía de la catedral; es decir, el sitio donde el sacerdote se despoja de su ropa para revestirse de Jesucristo y salir a oficiar la misa; es decir, el sacrificio de Jesús.

Es un cuadro en el que todo el espacio está prácticamente ocupado por figuras; solo hay un pequeño camino de tierra con piedras junto a los pies de Cristo para dar la sensación de que va camino de la cruz.

De ese cuadro voy a señalar dos cosas. Siempre me ha asombrado la cara de Jesús, en la que brillan unas lágrimas, en la que no hay miedo, sufrimiento, sangre... Quizá refleja la filosofía del evangelista san Juan, que considera que lo más bajo a lo que Dios puede llegar es a hacerse hombre y que, por tanto, a partir de ahí, el resto del camino es de subida, hacia su glorificación. Es la cara de quien está en un proceso de elevación hacia el cielo, de quien sabe que le queda poco para reunirse con el Padre. Asume que es el último capítulo de su vida humana y le aguarda el final feliz de la gloria.

El otro detalle es la mano que no señala a nadie del cuadro, sino al que mira el cuadro. Es la mano de un señor con una gorra rojiza, con barba blanca, una prenda verde, camisa blanca y un adorno en el cuello. ¿Por qué nos señala? Es una mano acusadora, que nos advierte de que todos hemos participado en la crucifixión de Jesucristo (estamos en ese gentío que lo rodea) y que va a morir por cada uno de nosotros. Es una mano dentro del cuadro pero que se sale del cuadro para señalar un tú, que nos hace partícipes del cuadro.

8.- El pintor manco de las dos manos

En la catedral hay una capilla dedicada a la mártir toledana santa Leocadia. Esa es la pequeña capilla de santa Leocadia en la que administra el sacramento de la penitencia el canónigo penitenciario. En la catedral hay oficios estables, nombrados por el arzobispo con una duración de cinco años, que pueden ser renovables, y oficios temporales, nombrados por el cabildo catedralicio por un año. El canónigo penitenciario es un oficio estable y se encarga de organizar la disciplina penitencial de la catedral. Tiene la potestad de perdonar pecados que están reservados al obispo o a la Santa Sede, como por ejemplo los casos de aborto, herejía, sacrilegios y violaciones del secreto de confesión. A veces, cuando se trata de algo muy grave, debe pedir permiso a la Penitenciaría Apostólica consultando el caso y la penitencia.

El caso es que esta capilla está presidida por un lienzo en el que figura santa Leocadia sobre el paisaje de la Vega y lo curioso es que se atribuye a Ramón Sieyro,

un discípulo de Mariano Salvador Maella, que ¡era manco de las dos manos! Y si esto es así ¿cómo pintó este cuadro? ¿Con la boca?

Lo curioso es que conocemos dos cuadros más de él que están en la capilla del palacio arzobispal, donde está expuesto el Santísimo las 24 horas del día. Uno a la izquierda del altar, en el que aparece san Eulogio (nombre que significa buena palabra) predicando a los musulmanes (fue nombrado arzobispo de Toledo pero no llegó a ser consagrado como obispo ni llegó a tomar posesión porque murió antes, mártir en Sevilla en 859). Es un caso particular porque pasó de sacerdote a arzobispo ¡sin pertenecer a la provincia toledana!, de modo que todo indica que tenía un enorme prestigio. San Eulogio nos invita a reflexionar sobre el tema del martirio voluntario, pues muchos cristianos se presentaban ante un juez islámico profesando su fe en Cristo de manera desafiante y atrabiliaria (lo que conllevaba la condena de cárcel y azotes) y la declaración de que Mahoma era un impostor y falso profeta (y esto sí que ya era más fuerte y por eso estaba penado con la muerte). Así, provocando su martirio alcanzaban de forma directa, como premio, el cielo.

Y enfrente hay otro cuadro que dicen que es *La degollación de Vicente Lorenzana* pero pienso que, por seguir la secuencia, podría ser la alusión al martirio de san Eulogio, que murió decapitado el 11 de marzo de 859. Lo detuvieron por atender a la joven cordobesa Leocricia, que era una cristiana perseguida, y en ningún momento le tembló el pulso para confesar su fe en Jesucristo. Podía haber hecho la *taqiyya*, es decir, mantener su fe en secreto o hacer una restricción mental, diciendo una cosa en el fuero externo y haciendo otra interiormente. La invitación a este desdoblamiento o esta simulación sería la última tentación. Pero no.

El cuadro de la decapitación siempre me ha parecido un poco fuerte, por su ubicación, porque te lo encuentras de frente nada más entrar en la capilla, y su proximidad al altar. Asusta o violenta a cualquiera encontrarse con ese soldado que sostiene la cabeza en la mano. ¿No es un poco *gore*? Yo lo pondría en otro lugar.

9.- 32 retratos y una trilogía de obispos curiosos: el cobarde, el intruso y el condescendiente

Impresiona la sala capitular de la catedral por la decoración pictórica de Juan de Borgoña con escenas de la pasión de Cristo, el juicio final y la vida de la Virgen y, además, porque figura el episcopologio; es decir, los retratos de los arzobispos de Toledo. ¿Están todos? Cabe decir que son todos los que están, pero no están todos los que son. Hay obispos de Toledo que se desconocen, por ejemplo los obispos anteriores a Pascual (que curiosamente fue ordenado obispo de Toledo en la catedral del reino de León en 1058); es decir, los obispos de la segunda mitad del siglo X y la primera del XI. Aquí hay una laguna en el episcopologio toledano.

Y hay dos curiosidades. La primera es que en el elenco de retratos arzobispales hay un padre y un hijo: Luis Antonio de Borbón, que renunció al cardenalato y se casó en Olías del Rey con María Teresa Vallabriga, y su hijo Luis María de Borbón, que llegó a vivir en Velada y Arenas de san Pedro.

La segunda es que fue Juan de Borgoña el que pintó los primeros 32 retratos de los arzobispos toledanos, bajo la supervisión del canónigo obrero Diego López de Ayala. ¿En quién se inspiró? ¿A quién tomó como modelo para esa enorme cantidad de retratos? ¿De dónde sacó los rasgos

del rostro? Es de suponer que hay un parecido de familia en todos y, sobre todo, mucha inventiva.

Dentro de las curiosidades de los obispos, quería referirme brevemente a tres. El primero es Sinderedo, que era afín al rey Rodrigo, y antes de que llegaran a Toledo los musulmanes, cuyas tropas entraron en la península con el fin de apoyar a su oponente Witiza, se marchó al exilio. Se trata de un obispo cobarde, que puso pies en polvorosa.

La plaza de obispo en Toledo no quedó vacante, pues el verdadero obispo solo estaba huido. Pero la ocupó por la fuerza Oppas, hermano de Witiza, que venía con las tropas de los ára-

bes. Desempeñó este cargo por imposición, de modo que era un intruso. En el episcopologio de la sala capitular no es considerado obispo como tal, no aparece su retrato, solo figura su nombre encima de Sinderedo. Dicen que cuando las tropas árabes lucharon en Covadonga el 28 de mayo de 722 contra Pelayo y sus seguidores, Oppas intentó convencer a Pelayo de que se rindiera y se sometiera a los árabes y le salió el tiro por la culata porque estos lo cogieron prisionero. Oppas fue un obispo no legítimo, dedicado sobre todo a la actividad guerrera y a apoyar a los musulmanes, a quienes prestaba asesoramiento.

Más adelante, después del obispo Cixila, fue el turno del obispo Elipando, el primer prelado de Toledo que asumió el título de arzobispo, que quiso suavizar la teología católica buscando un acercamiento a los musulmanes. Incurrió en una herejía denominada adopcionismo, con la que venía a sostener que Jesucristo tenía dos naturalezas, una divina y otra humana, y que eso suponía una filiación divina y otra humana, pero el problema es que si se admiten dos filiaciones entonces hay dos personas en Cristo. Por un lado, no parece que un padre pueda tener como hijo adoptivo al que ya es hijo natural porque la filiación natural ya excluye la adoptiva. Y, además, esa duplicidad supondría atribuir a un Jesús Hijo adoptivo unas operaciones diferentes a las que hacía el Jesús Hijo natural. En definitiva, lo que se quería destacar era el carácter humano de Jesucristo, acercándolo a la cristología islámica, en la que lo consideran un profeta (no es un ser divino sino creado, lo contrario sería incurrir en politeísmo según su interpretación) en esa cadena que va desde Abraham hasta Mahoma. Este acercamiento no dio ningún fruto, sino que solo trajo una confusión monumental y muchas disputas en la España cristiana bajo el islam, en el reino asturiano, en el imperio carolingio y en la sede romana. Por tanto, Elipando es el único arzobispo de Toledo del que consta haber incurrido en herejía. Dicen que Elipando fue una de las víctimas de aquella noche toledana a la que se alude con la jornada del foso del año 807 en la que las autoridades islámicas llevaron a cabo una sangrienta matanza de las personas más relevantes de Toledo por su oposición al califa de Córdoba. La doctrina adopcionista de Elipando no dejó rastro en la comunidad de Toledo ni en otro grupo de aquella España sometida al islam, de modo que desapareció. Esta herejía fue condenada por un concilio general en Frankfurt en 794.

Contando con el actual arzobispo (Francisco Cerro, que es con creces uno de los mejores arzobispos que tenemos en los últimos tiempos, sobre todo por su enorme capacidad de trabajo, su manejo del arte de la oratoria y su don de gentes, que se expresa con su proximidad con todos, y en especial con los jóvenes, los más débiles y necesitados), quedarán quince huecos para los retratos de los futuros arzobispos.

Pegada a la sala capitular, por la parte de detrás, hay una puerta grande que se ve por el exterior de la catedral y que da al callejón del Locum. Los canónigos saldrían por aquí cuando estaban reunidos en el capítulo y tenían necesidad de evacuar sus vejigas y sus intestinos. Por cierto, faltan unos baños públicos en la catedral para los visitantes. Para lo que cuesta la entrada (la general es de 12 euros) qué menos que haya un lugar donde poder atender ciertas necesidades... físicas.

10.- El arzobispo casi hereje: Bartolomé de Carranza

Es muy triste lo que le pasó al arzobispo de Toledo Bartolomé de Carranza. Este sucesor del cardenal Siliceo (así, sin tilde en la segunda i, pues viene de Siliceus, de *silex, silicis* como recuerda Ramón Parro) fue acusado por la Inquisición de defender tesis luteranas (por ejemplo, la idea de que suficiente con los méritos de la muerte de Jesucristo para ganar el cielo, no cuentan nuestras obras, buenas o malas) y por mantener tesis peligrosas en un libro con comentarios sobre el catecismo.

Estuvo en el monasterio de Yuste, acompañando a Carlos V en sus últimos momentos con vida, al que llevaba un mensaje de Felipe II. De aquí fue a Toledo. Cuando visitaba Torrelaguna fue

apresado por la Inquisición el 22 de agosto de 1559 y su proceso duró ¡diecisiete años!: pasó ocho en España (en Valladolid) y nueve en Italia (en Roma).

En ese proceso tan largo influyeron animadversiones (la ojeriza del inquisidor general Fernando Valdés; los obispos de Málaga, Granada y Jaén que se habían manifestado favorables al Catecismo de Carranza luego dijeron que contenía proposiciones heréticas), malinterpretaciones de sus textos, frases sueltas sacadas del contexto, la desfiguración entre la ortodoxia y la heterodoxia, el debate sobre el cristianismo interior y transformador, etc. Él se vio atrapado en las ruedas de la Inquisición, que él mismo ayudó a echar a rodar. Y eso que había dedicado parte de su vida a combatir herejes, no solo aquí, sino también en Inglaterra y Flandes. En fin, paradojas de la vida...

Lo curioso es que ni lo absolvieron ni lo condenaron. Le consideraron vehementemente sospechoso de herejía, pero no hereje. Le obligaron a abjurar de ciertas proposiciones, se prohibió la publicación de su Catecismo (que antes Trento había aprobado), debía visitar las siete basílicas de Roma y no lo destituyeron como arzobispo de Toledo, pero quedó en suspenso en la administración de la diócesis por cinco años. Precisamente cuando llega Teresa de Jesús a Toledo con la intención de fundar un convento en la diócesis, esta estaba dirigida por un administrador llamado Gómez Tello, debido al proceso de Carranza. Fue Gómez Tello el que, después de mucho insistir nuestra mística, le concedió la licencia para fundar su quinto convento, que por entonces se encontraba muy cerca de la parroquia de santo Tomé.

En 1993 los restos de Carranza fueron exhumados de Santa María sopra Minerva en Roma y se trajeron a la catedral por mediación del cardenal Marcelo González Martín. Están a la derecha de la parte interior de la puerta de los leones, en un sepulcro que estuvo vacío ¡desde 1576 hasta 1993! La ceremonia del depósito de los restos del cardenal estuvo a punto de suspenderse porque ese día, el 10 de diciembre de 1993, hubo un apagón que dejó sin luz a Toledo durante siete ho-ras, por eso el acto se llevó a ca-bo con la iluminación de velas. Pero cuando se introdujeron los restos en su tumba resulta ¡que llegó la luz!

El dramaturgo Joaquín Calvo Sotelo escribió una obra de teatro maravillosa titulada *El proceso del arzobispo Carranza*. ¿Pero será literatura? No. El mismo autor se encarga de afirmar al principio que los hechos que cuenta son verdaderos y que es una obra que se ajusta a las exigencias históricas. Para eso ha consultado los 22 volúmenes que componen el proceso de Carranza.

El toro del cementerio rupestre de Malamoneda (Verracos, nº 14)

ALEJANDRO VEGA MERINO

En el despoblado de Malamoneda (a 61,3 km al SO de Toledo, en el término de Hontanar), se encuentra la talla de un toro en lo alto de un amplio cementerio rupestre. Allí el río Cedena talló una senda hacia el sur, por donde los animales cruzaban por el pico del Puerco y la sierra del Aceral los Montes de Toledo buscando los encinares de la meseta de Cabañeros.

Aparte de "una vaquilla de piedra con su cabeza, cuernos y cola" empotrada en una torre ya desaparecida (vid. V. Leblic, *El despoblado de Malamoneda*), una leyenda del lugar habla también de la existencia de una cueva en cuyo interior se veneraba a un toro de piedra muy antiguo.

La talla en granito de este toro de Malamoneda se halla ubicada en lo alto del conjunto funerario y muy deteriorada por el paso del tiempo. Se trata de una figura zoomorfa, posiblemente una deidad consagrada a proteger el lugar, como el Toro de Menasalbas, o bien tenía un sentido funerario.

Pese a su mal estado, su ubicación parece la original por el ara o pedestal donde se asienta a plomo. Presenta un gran desgaste en la cabeza y en sus patas delanteras, aunque aún se aprecian bien los cuartos traseros, sobre todo en su parte derecha, así como un largo rabo. No existe en él ninguna inscripción o no se percibe al estar muy erosionado.

Se ve claramente también la forma de embudo tallada entre el hueco de sus patas, que, junto a su orientación, da idea de que poseía una función ritual en tiempos carpetanos como psicopombo, esto es, para facilitar el paso de las almas de los muertos de un lado al otro por el orificio, pues por el este recibía el sol de la mañana o luz de vida y por el oeste era iluminado por el sol poniente y los rayos del atardecer, conducentes hacia la oscuridad. Este testimonio nos da a entender que se practicaba en nuestra tierra un culto astral heliolátrico.

Ya en época romana, esta escultura fue utilizada como señal luctuosa, lo sabemos por la doble estela allí localizada bajo una de las tumbas tallada en uno de los bolos graníticos del roquedal.

La descripción de las desgastadas letras romanas se pueden encontrar en el texto de Juan Manuel Abascal Palazón y Géza Alföldy *Inscripciones romanas de la Provincia de Toledo (siglos I-III)*, publicado por RAH en 2015.

Esta reutilización del monolito nos hace pensar en un mismo uso mortuorio prehistórico, al que calificaría como "efigie de la transmigración de las almas", es decir, con una idea y sentido sacro que debía de servir para que los espíritus de los difuntos enterrados allí en diferentes épocas pasaran por él viajando tras el sol en busca de la luz del más allá.

No debemos dejar de lado nuevas interpretaciones junto a nuevas técnicas de datación para que, quizás, algún día, se pueda interpretar el verdadero significado de estas figuras.

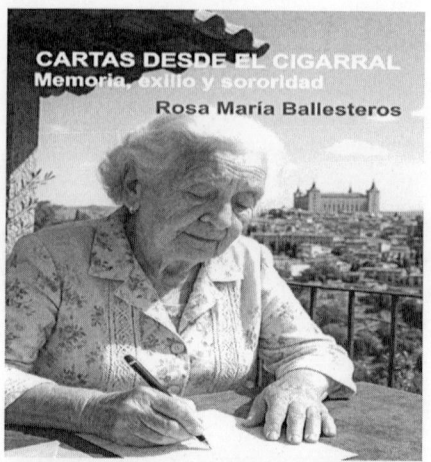

Título: *Historia abreviada de la ciudad de Toledo*
Autor: Ventura Leblic
P.V.P.: 12 euros

Título: *Cartas desde el cigarral. Memoria, exilio y sororidad*
Autor: Rosa Ballesteros
P.V.P.: 15 euros

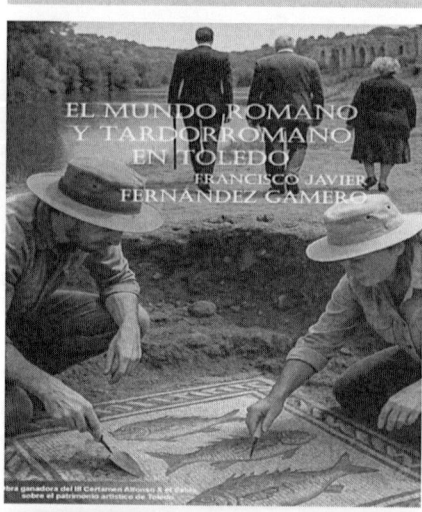

Título: *El mundo romano y tardorromano en Toledo*
Autor: Francisco J. Fernández
P.V.P.: 14 euros

Título: *El viento es mi maestro*
Autor: Santiago Sastre
P.V.P.: 15 euros

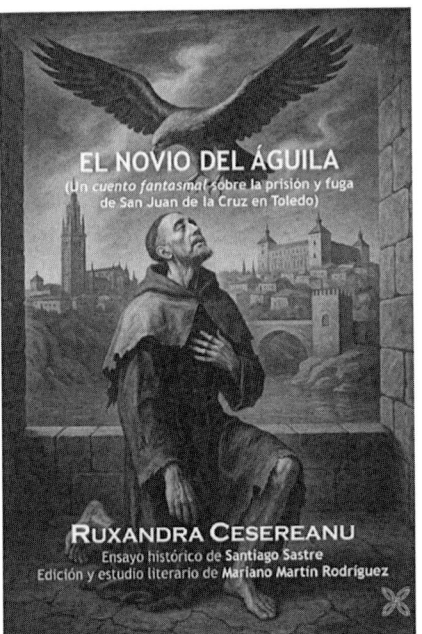

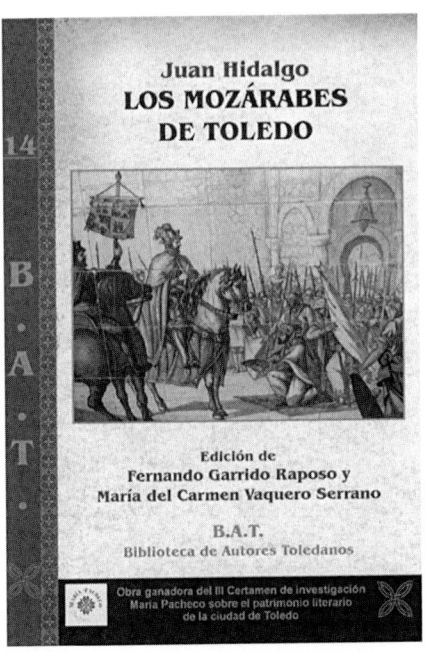

Título: *El novio del águila*
Autores: Ruxandra Cesereanu, S. Sastre y Mariano Martín R.
P.V.P.: 15 euros

La gran escritora rumana Ruxandra Cesereanu recrea con intensidad lírica y simbólica la prisión y fuga de san Juan de la Cruz en Toledo, transformando la historia en un sueño místico de libertad. Esta hermosa viene precedida de una historia de los hechos de la prisión toledana de san juan de la Cruz, escrita por Santiago Sastre, y de un estudio literario del filólogo Mariano Martín Rodríguez sobre la obra en el marco del translingüismo y de las ficciones.

Título: *Los mozárabes de Toledo*
Autores: Juan Hidalgo, Fernando Garrido y Carmen Vaquero
P.V.P.: 15 euros

Singular pieza dramática toledana del siglo XVII rescatada del olvido. La presente edición, con un estudio introductorio a propósito de ella, da las claves históricas, antropológicas, escénicas y literarias sobre el fenómeno mozárabe, no bien conocido por el público en general, pero que constituye la crónica de una pequeña comunidad resistente, un reino y unos hechos decisivos sin los cuales no podría entenderse bien nuestra historia.

BOLETÍN DE SUSCRIPCIÓN

Si está interesado en suscribirse a la revista **Cuatro calles**, por favor, rellene este formulario y háganoslo llegar por correo electrónico a ***info@editorial-ledoria.com*** o por correo postal a ***Editorial Ledoria, calle Fuente del Moro, 6, 45006, Toledo***

Nombre y apellidos / Entidad _____

Dirección _____

Código Postal _____

Localidad _____

Provincia _____

Correo electrónico _____

Teléfono _____

Deseo suscribirme a la revista **Cuatro calles** por un período de (marque con una **X** la opción elegida):

Suscripción 4 números por un total de 22 euros ☐

Números atrasados, 5 euros (indique cuáles) ☐ ☐ ☐

* Los gastos de envío están incluidos

El pago se realizará mediante ingreso o transferencia a la cuenta que le transmitiremos al recibir su solicitud o por Bizum.

En ningún caso se destinarán estos datos a otros fines que no sean los de recibir las publicaciones reseñadas, ni se entregarán a terceros, de acuerdo con los principios de protección de datos de la Ley Orgánica 15/1999 de 13 diciembre, de regulación del tratamiento automatizado de los datos de carácter personal.

Publicación del próximo número: A partir del 1 de marzo de 2026